中国文化知识文库

中国文化大事件

徐 潜／主 编

张 克 崔博华／副主编

陈长文 甫 艳／编 著

吉林出版集团 吉林文史出版社

图书在版编目（CIP）数据

中国文化大事件／徐潜主编 . —长春：吉林文史出版社，2013.4（2025.8重印）

ISBN 978-7-5472-1551-7

Ⅰ.①中…　Ⅱ.①徐…　Ⅲ.①文化史-中国-通俗读物　Ⅳ.①K203-49

中国版本图书馆 CIP 数据核字（2013）第 068654 号

中国文化大事件

ZHONGGUO WENHUA DASHIJIAN

主　　编	徐　潜
副主编	张　克　崔博华
责任编辑	张雅婷
装帧设计	映象视觉
出版发行	吉林文史出版社有限责任公司
地　　址	长春市福祉大路 5788 号
印　　刷	唐山富达印务有限公司
版　　次	2013 年 4 月第 1 版
印　　次	2025 年 8 月第 5 次印刷
开　　本	720mm×1000mm　1/16
印　　张	9
字　　数	250 千
书　　号	ISBN 978-7-5472-1551-7
定　　价	68.00 元

序　言

　　民族的复兴离不开文化的繁荣，文化的繁荣离不开对既有文化传统的继承和普及。这套《中国文化知识文库》就是基于对中国文化传统的继承和普及而策划的。我们想通过这套图书把具有悠久历史和灿烂辉煌的中国文化展示出来，让具有初中以上文化水平的读者能够全面深入地了解中国的历史和文化，为我们今天振兴民族文化，创新当代文明树立自信心和责任感。

　　其实，中国文化与世界其他各民族的文化一样，都是一个庞大而复杂的"综合体"，是一种长期积淀的文明结晶。就像手心和手背一样，我们今天想要的和不想要的都交融在一起。我们想通过这套书，把那些文化中的闪光点凸现出来，为今天的社会主义精神文明建设提供有价值的营养。做好对传统文化的扬弃是每一个发展中的民族首先要正视的一个课题，我们希望这套文库能在这方面有所作为。

　　在这套以知识点为话题的图书中，我们力争做到图文并茂，介绍全面，语言通俗，雅俗共赏。让它可读、可赏、可藏、可赠。吉林文史出版社做书的准则是"使人崇高，使人聪明"，这也是我们做这套书所遵循的。做得不足之处，也请读者批评指正。

编　者

2012 年 12 月

目　录

百家争鸣

百家争鸣是指春秋战国时期知识分子中不同学派的涌现及各流派争芳斗艳的局面。

《汉书·艺文志》将战国主要思想学派分为十家——儒、墨、道、法、阴阳、名、纵横、杂、兵、小说。西汉人刘歆在《七略·诸子略》中将小说家去掉，称为"九流"。俗称"十家九流"就是从这里来的。

一、百家争鸣概说

百家争鸣是指春秋（公元前 770 年—公元前 476 年）战国（公元前 475 年—公元前 221 年）直至秦汉时期知识分子中不同学派的涌现及各流派争芳斗艳的局面。百家争鸣反映了当时社会激烈和复杂的政治斗争和思想斗争，这一时期的文化思想，奠定了整个封建时代文化的基础，对中国古代文化乃至现在有着非常深刻的影响。

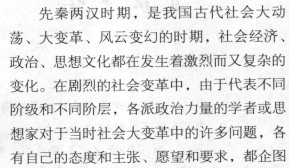

先秦两汉时期，是我国古代社会大动荡、大变革、风云变幻的时期，社会经济、政治、思想文化都在发生着激烈而又复杂的变化。在剧烈的社会变革中，由于代表不同阶级和不同阶层，各派政治力量的学者或思想家对于当时社会大变革中的许多问题，各有自己的态度和主张、愿望和要求，都企图按照本阶级（层）或本集团的利益和要求，对宇宙对社会对万事万物作出解释，或提出主张，《庄子·天下篇》言："天下之人各为其所欲焉以自为方。悲夫，百家往而不反，必不合矣！后世之学者，不幸不见天地之纯，古人之大体，道术将为天下裂"，一语道出百家争鸣之状态。儒家主张以德化民，道家主张无为而治，法家主张信赏必罚，墨家主张兼爱尚同，名家主张去尊偃兵……他们著书立说，议论政治，广收门徒，高谈阔论，互相辩难，互相批评，又互相影响，于是出现了思想领域里百家争鸣的局面。

在百家争鸣过程中，有儒、墨之争，儒、法之争，儒、道之争，等等，就是在一家之中，内部也有不同派别的争论。百家争鸣的前期，主要是儒墨两家显学相互攻击和辩难。到中期，则呈现百花齐放、百家争鸣的局面，各学派都非常活跃，你来我往，争论不休。"战国虎争，驰说云涌。人持弄丸之辩，家挟飞钳之术。剧谈者以谲诳为宗，利口者以寓言为主"（刘知几《史通·言语》）。各家的产生又有一定地域特征，如邹鲁乃儒、墨之邦，三晋多权变之士，南方为道家之乡，燕齐出阴阳家者流。到战国末期，则出现了百川归流的趋势，参与争鸣的主要是儒、法两家，并出现综合和杂取各种学派观点的杂家。秦始皇灭六国统一中国后，焚书坑儒，殃及各家各派。然而，秦享国之日短，仅二世而亡，百家争鸣的余韵存至西汉，黄老之学、杂家之学在西汉初期仍有重要的影响。

《汉书·艺文志》将春秋战国主要思想学派分为儒、墨、道、法、阴阳、名、纵横、杂、兵、小说十家，并说"诸子十家，其可观者九家而已。皆起于王道既微，诸侯力政，时君世主，好恶殊方，是以九家之术蜂出并作，各引一端，崇其所善，以此驰说，取合诸侯"。《汉书·艺文志》还对诸子的起源作了清楚的论述："儒家者流，盖出于司徒之官；道家者流，盖出于史官；阴阳家者流，盖出于羲和之官；法家者流，盖出于理官；名家者流，盖出于礼官；墨家者流，盖出于清庙之守；纵横家者流，盖出于行人之官；杂家者流，盖出于议官；农家者流，盖出于农稷之官；小说家者流，盖出于稗官。"不难看出，这些学派的起源都有一个显著的特点：基本上都起源于官。各家各派因主张和立场不同，也就各具特色，如《尸子·广泽》所说："墨子贵兼，孔子贵公，皇子贵衷，田子贵均，列子贵虚，料子贵别囿"。又如《吕氏春秋·不二》说："老聃贵柔，孔子贵仁，墨翟贵廉，关尹贵清，列子贵虚，陈骈贵齐，阳生贵己，孙膑贵势，王廖贵先，儿良贵后"。

西汉刘歆在《七略·诸子略》中著录各家著作189家，其后的《隋书·经籍志》《四库全书总目》等书则使"百家"的著作上升到上千家。但流传较广，影响较大，最为著名的不过几十家而已。其著名的学派有：儒家、道家、法家、墨家、兵家、纵横家、杂家、名家、阴阳家、农家、小说家等，而诸子之主要人物有孔子、孟子、墨子、荀子、老子、庄子、列子、韩非子、商鞅、申不害、许行、告子、杨子、公孙龙子、惠子、孙武、孙膑、张仪、苏秦、田骈、慎子、尹文、邹衍、吕不韦等。诸子百家中，儒家学说不仅在诸子百家中地位显著，而且还成为传统文化的主流、核心内容，对中华民族精神形成产生了无与伦比的影响。

百家争鸣不仅把中国思想文化推到一个新的高度，而且对中华民族几千年灿烂文化有着极其深远的影响，许多思想给后代留下了深刻的启示。如儒家的"仁政"学说、孟子的民主思想、道家的辩证法、墨家的科学思想、法家的唯物思想、名家的逻辑学思想、兵家的军事思想等，在今天依然闪烁着光芒。可以说，中国思想文化后来的发展，都可以从诸子百家争鸣时期探寻到某种根源。总之，百家争鸣是中国历史上第一次思想解放运动，对当时和后来社会历史的发展，起了巨大的推动作用。

二、百家争鸣形成的背景

春秋战国时期，是中国古代历史上思想领域异常自由和活跃的时期，几乎在中国历史上绝无仅有。此时百家争鸣局面的出现，有其深刻而复杂的社会原因。

1. 社会大变革

春秋战国时期，经济有了极大发展，特别是铁器的使用和牛耕的推广，大大推动了在当时经济生活中占主要地位的农业的进步。与此同时，手工业与商业也相应发展起来。由于荒地的大量开垦和劳动生产率的提高，私田不断增加，周代的井田制逐渐废弛，土地私有制产生并逐渐巩固。鲁宣公十五年（公元前594年）"初税亩"，意味着鲁国井田制的废除和土地私有制的合法化。各诸侯为了适应竞争的形势，维持自己的统治，也都先后进行了不同的改革。经济发展，人口增加，财货交流，城市繁华，各诸侯国之间宗族的藩篱逐渐被冲破，尊卑贵贱有严格规定的礼制日趋崩溃。随着封建制关系的逐步形成，社会各阶级的关系也发生了显著的变化，所谓"三后（虞、夏、商）之姓，于今为庶"（《左传·昭公三十二年》），"君子之泽，五世而斩"（《孟子·离娄下》），都是这种变化的反映。这一时期，科学技术也取得了较大进步，如天文学、数学、光学、声学、力学、医学等方面在当时均达到较高水平。这些科技成果标志着人们认识水平的提高，丰富了人们的精神世界和物质生活。以上种种，为学术文化的繁荣提供了物质条件。

2. 宽松的环境

这一时期，周王室衰微，各诸侯国林立纷争，兼并战争此起彼伏，出现了"礼坏乐崩"的形势。各诸侯国纷纷变法图强，魏之

李悝，楚之吴起，秦之商鞅，赵之武灵王，韩之申不害，都是先后实行变法革新的著名代表人物。各种力量在争衡、较量，新的统治阶级还未有绝对的权威，人们的思想也就不受任何条框的束缚和制约，尽可以畅所欲言，对社会变革的现实发表不同的看法，提出改革时弊的各种方案，就必然会出现观点各异的现象。

环境的宽松和对人才的重视，以齐国威王、宣王时期的谡下学宫尤为突出。战国时代，由于齐国经济发达、政治开明，以及良好的文化政策，齐都临淄的稷下学宫，成为当时学术文化的交流中心，儒家、道家、墨家、法家、名家、阴阳家、纵横家、兵家等各种学术流派，都曾活跃在稷下舞台上。稷下学者因政治倾向、地域文化、思维方式、价值观念的差异，各有自己的思想体系，他们潜心研讨，互相争鸣，取长补短，丰富和发展了各自学派的学说，从而使稷下学宫形成了思想多元化的格局。在学术自由的环境中，谡下诸子敢于探求和创新的精神得到发扬，大大促进了学术的发展，不仅形成了先秦百家争鸣的高峰，而且对我国古代思想文化的发展产生了重大而深远的影响。

同时，各学术团体与政治权势是相对独立的。他们虽从不同的社会集团的利益出发，纷纷著书立说，议论时事，阐述哲理，各成一家之言，但是他们并非政治附庸，依附于某个政治权势集团，而是"用我则留，不用我则去"。"士"就好像自由的鸟那样，可以"择木而栖"，从而促进了各国的人才流动。比如，商鞅在魏没有得到重用，听说秦孝公"广令国中求贤者"，于是西入秦，求见秦孝公，终于委以重任。又比如邹衍本是齐国人，后到了燕，成为燕昭王之师。如此等等，类似的例子还很多。春秋战国这种特殊历史环境，对诸子百家的形成和百家争鸣局面的出现创造了良好的条件。

3. 私学的兴起

在思想文化上，不少士大夫（知识分子）兴办私学，评论时局，寻求恢复社会秩序的良方，把本来只保存在贵族社会中的知识带到民间。西周之时，学校都是官府的。《周礼》明确规定，"古者学在官府"，无不以吏为师。那时的史官，既是官府的官吏，又是学校的老师。"礼坏乐崩"之后，一些"王官"便散入各诸侯国，有的则流落民间。"学在官府"局面的被打破，使私人办学蓬勃兴起，入学条件在西周时被大力改变，像孔子所办的私学提倡"有教无类"，教育的对象不分贵贱等级，只要学生送给他"束脩"（一串腊肉）作为学费，就可以了。从"学在官府"到"学在民间"，私学的兴起，造就了一大批知识渊博和阅历丰富的文士，同时也为学术繁荣提供了舆论阵地。讲学风气的盛行，使文化典籍广为传播，各种学说广为流传，形成了争鸣氛围。

4. 士阶层的崛起

春秋以前，有一种受过礼、乐、书、射、御、数所谓"六艺"教育，享有一定数量的"食田"，具有相对稳定性收入的人，作为低级贵族，统称之为"士"。《汉书·食货志》云："士、农、工、商，四民有业。学以居位曰士，辟土殖谷曰农，作巧成器曰工，通财鬻货曰商。"春秋战国之际，各阶级在斗争中重新分化、组合，士阶层逐渐崛起。士这一阶层较为复杂，有贵族没落降而为士的，也有自下层而上升为士的。士的流品也颇不纯，大体上包括武士、文士、策士和食客。食客之中，流品最杂，甚至有鸡鸣狗盗、引车卖浆者流。处在时代运动的旋涡之中的士，活跃于政治、历史舞台之上，各自代表着不同阶级的利益进行斗争，或用舌与笔，或用刀和剑，或两者并用，不愧为当时叱咤风云的豪杰。

士阶层的活跃，和当时社会的"养士"之风的盛行，有密切的关系。人所共知，战国是一个争战不断的时代，各国内政、外交、军事上的矛盾重重。在应付复杂的矛盾斗争中，实力固然有着举足轻重的作用，然而实力必须依赖于人的智慧。于是，人的智慧和才干便受到特殊重视。智能的竞争为士的活跃与发展提供了强大推动力和活动场所。尊士、争士、养士遂成为上层人物的一种社会风尚。春秋时代已经开始"养士"，而战国时期更为盛行。赵简主、魏文侯、齐宣王、燕昭王是诸侯中争养士人的突出代表，养士的数目成百上千。除诸侯之外，高官贵人也普遍养士，著名的战国四公子，齐

国的孟尝君田文、赵国的平原君赵胜、魏国的信陵君魏无忌、楚国的春申君黄歇，每人养士数千人，秦国的吕不韦养士也多达三千人。士中许多优秀人物受到重用，甚至出为卿相，如商鞅、吴起等，学术活动也受到鼓励和资助。有些有眼光的君主和权贵，他们不以权势骄人，主动或自觉地与士人交朋友，拜士人为师，待以上宾。还有些君主为了获得智谋，对士人免去君臣之礼而行宾主之礼。如秦王对范雎，"敬执宾主之礼"；邹衍"适梁，惠王郊迎，执宾主之礼"；魏公子信陵君无忌屈身拜请侯嬴、毛公、薛公是人所熟知的礼贤下士的典型。

中国文化大事件

三、百家争鸣中的大"家"

（一）儒家

1.儒家概述

儒家是先秦时期的一个思想流派，由孔子所创立，"儒"最初指的是司仪，后来逐步发展为以尊卑等级的"仁"为核心的思想体系。东汉许慎《说文解字》："儒，柔也，术士之称。"儒者具有柔、软的气质，并且是"术士"，其职业专门为贵族祭祖、事神、办理丧事、担当司仪等。"儒"本是鄙称，儒家这一称号，也不是孔子自家封号，而应是墨家对孔子这一学派的称呼。

春秋末年，孔子删订《诗》《书》，赞《易》，修《礼》《乐》《春秋》，在总结、概括和继承了夏、商、周三代"尊尊""亲亲"传统文化的基础上，制定了儒家经典，并提出"仁义礼"的学说和"仁政德治"理论，维护礼治，提倡德治，重视人治，儒家学派正式诞生。儒家学说主要是"祖述尧舜，宪章（效法）文武"，崇尚"礼乐"和"仁义"，要求统治者仁政爱民，"为政以德，譬如北辰，居其所而众星共之"，提倡"忠恕"和不偏不倚的"中庸"之道，政治上主张"德治"和"仁政"，重视伦理道德教育和人的自身修养，主张"有教无类"，以使全国上下都成为道德高尚的人。庄子后学评论儒家"性服忠信，身行仁义，饰礼乐，选人伦，以上忠于世主，下以化于齐民。将以利天下"（《庄子·渔父》）。

孔子去世后，儒学与墨学并为当时的"显学"。战国时，儒家又分化为诸多支派，"儒分为八"：子张之儒、子思之儒、颜氏之儒、孟氏之儒、漆雕氏之儒、仲良氏之儒、孙氏之儒、乐正氏之儒。在儒家诸派中，以思孟学派和荀子学派最富有思想性，影响也最大。自汉武帝罢黜百家之后，儒家逐渐被神圣化、绝对化，在中国历史中，既有着艰难的系统有序的发展，更有着泰山压顶般的僵滞。然而，经过几千年的筛选修补，儒家思想不失为祖国传统思想的瑰宝，在现代社会中仍然占有重要地位。

2. 儒家代表人物

（1）孔子

孔子（公元前 551 年—公元前 479 年），名丘，字仲尼，春秋时鲁国陬邑

（今山东曲阜）人。儒家学派的创始人，著名的思想家、教育家、政治家，他提出以"仁"为核心的系统的伦理学说，开创了在当时和后世都影响很大的儒家学派，成为两千年来封建文化的正统，对中国思想文化的发展有极其深远的影响。后世尊称他为"至圣"、"万世师表"。

孔子幼时即丧父，家境贫寒，15 岁立志求学。相传，他曾问礼于老聃，学乐于苌弘，学琴于师襄，通过私人传授，博习诗书礼乐。孔子"三十而立"，在曲阜城北设学舍，开始私人讲学，打破了"学在官府"的传统。后离鲁至齐，齐景公欲任用孔子，但遭晏婴等人阻挠未成，不久孔子返回鲁国继续讲学。公元前 501 年，孔子任鲁国中都宰，颇有政绩，后又迁为大司寇，但因受到排挤而去职，率颜回、子路等十多名弟子历游宋、卫、陈、蔡、齐、楚等国，颠沛流离 14 年，志欲改良时政，复兴周礼，但终无所遇。孔子 68 岁重返鲁国，政治上仍不得志，转而专力从事讲学和著述，编订或整理出《诗》《书》《易》《礼》《乐》等文化典籍。公元前 479 年病逝，葬于鲁城北泗水之上。

孔子一生思想学说的核心是"仁"，认为"仁"就是要爱人，要求人与人之间要相互爱护，融洽相处，实现"仁"要坚持"己欲立而立人，己欲达而达人"，"己所不欲，勿施于人"的"忠恕之道"，而体现"仁"的制度或行为的准则是"克己复礼"，即克制自己的欲望以符合周礼，维护宗法等级的上下尊卑关系。孔子把"礼"视为区别华、夷的标志，认为维护周礼，须"非礼勿视、非礼勿听、非礼勿言、非礼勿动"，只有这样，视、听、言、动都符合周礼，才能做到真正的"仁"。在政治上，孔子提出实行德政，即实行惠民政策，对民宽

刑罚而重教化，希望统治者对人民要"道之以德，齐之以礼"。在教育上，孔子首次提出"有教无类"，认为世界上所有的人都享有受教育的权利。在长期的教育实践中，逐步形成了一套行之有效的教育方法，如教学要"诲人不倦"、"循循善诱"、"因材施教"，而学习应"举一反三"、"温故而知新"，并提倡"知之为知之，不知为不知"的老实态度。孔子的教育思想，至今仍然有启发和教育的重要意义。

（2）孟子

孟子（约公元前 372 年—约公元前 289 年），名轲，字子舆，战国时鲁国邹（今山东邹城市）人。中国古代著名思想家、教育家、政治家。他曾受业于子思的门人，发展了孔子的"礼治"和"德政"思想，提倡"王道"，主张"仁政"，并以此到齐、梁、鲁、邹、宋、滕等国游说诸侯。孟子很是自负，曾言："如欲平治天下，当今之世，舍我其谁也！"但终因其学说"远水不解近渴"而不被采纳。故此晚年去齐回国，专心从事学术研究和培养学生。孟子成为仅次于孔子的一代儒家宗师，有"亚圣"之称，与孔子合称为"孔孟"。

孟子游历列国，宣传"以德服人"的"仁政"，主张"井田制"，让百姓有"恒产"，如果统治者施行仁政，可以得到人民的衷心拥护；反之，如果不顾人民死活，推行虐政，将会失去民心而变成独夫民贼，被人民推翻。由此，他提出了"民为贵，社稷次之，君为轻"与"得道者多助，失道者寡助"的民本思想。孟子反对非正义的战争，倡导"性善论"，认为人的本性是善的，每个人生来就具有怜悯同情之心、羞耻憎恶之心、恭敬辞让之心和是非之心。孟子还把道德规范概括为四种，即仁、义、礼、智，同时把人伦关系概括为五种，即"父子有亲，君臣有义，夫妇有别，长幼有序，朋友有信"。孟子的一生，则做到了"穷则独善其身，达者兼济天下"。

（3）荀子

荀子（约公元前 313 年—公元前 238 年），名况，字卿，因避西汉宣帝刘询讳，因"荀"与"孙"二字古音相通，故又称孙卿。战国时期赵国猗氏（今山西安泽）人，著名思想家、文学家、政治家。荀子 50 岁时到齐国来游说讲学，曾三次

百家争鸣

出任齐国稷下学宫的祭酒，在秦国考察过政治，谒见秦昭王和丞相范雎，讨论如何治理国家。荀子到了楚国后，春申君让他担任兰陵令。春申君死后，荀子被罢了官，便定居在兰陵（今山东苍水县兰陵镇），著书立说，直至去世。他曾经传道授业，战国末期两位最著名的思想家、政治家韩非、李斯均为其门下高徒。

荀子是继孟子之后儒家的另一位代表人物。荀子虽然还是以儒家思想为主，但是他在继承前期儒家学说的基础上，综合了儒、墨、道三家的思想精华，建立起自己的思想体系。他提出"性恶论"，主张人性有"性"和"伪"两部分，性（本性）是恶的动物本能，伪（人为）是善的礼乐教化，否认天赋的道德观念，强调后天环境和教育对人的影响，但也坚持"天行有常"，"制天命而用之"。在政治思想上，他坚持儒家的礼治原则，主张"仁义"和"王道"，"以德服人"，提出"君者，舟也，庶人者，水也，水则载舟，亦则覆舟"。同时重视人的物质需求，主张发展经济和礼治法治相结合，所以荀子的学生中才出了李斯、韩非这样代表法家思想的人物。荀子改造儒家思想，综合了法家和道家思想的积极合理成分，使儒家思想更能适应社会的需要。

3. 儒家代表著作

儒家经典主要有儒学《十三经》。《十三经》是儒家文化的基本著作，就传统观念而言，《易》《诗》《书》《礼》《春秋》谓之"经"，《左传》《公羊传》《谷梁传》属于《春秋经》之"传"，《礼记》《孝经》《论语》《孟子》均为"记"，《尔雅》则是汉代经师的训诂之作。后来的"四书"是指《大学》（《礼记》中一篇）、《中庸》（《礼记》中一篇）、《论语》《孟子》，"五经"则指：《周易》《尚书》《诗经》《礼记》《左传》。

（1）《论语》

《论语》是记载孔子及其学生言行的一部书，谈论为人、处世与为政行仁的言论，涉及哲学、政治、经济、教育、文艺等诸多方面，内容非常丰富，是儒学最主要的经典之一。关于《论语》名称的来由，班固《汉书·艺文志》说：

"《论语》者，孔子应答弟子时人及弟子相与言而接闻于夫子之语也。当时弟子各有所记。夫子既卒，门人相与辑而论纂，故谓之《论语》。"《论语》言简意赅、含蓄隽永，是语录体散文的典范。《论语》中所记孔子循循善诱的教诲之言，或简单应答，点到即止；或启发论辩，侃侃而谈；富于变化，娓娓动人。汉代，有《鲁论语》（二十一篇）、《齐论语》（二十二篇）、《古文论语》（二十一篇）三种《论语》版本流传，但后两种于汉魏之间失传。《论语》的语言简洁精炼，含义深刻，其中有许多言论至今仍被世人视为至理。

（2）《孟子》

《孟子》是孟子的弟子万章、公孙丑等人整理记录孟子言行的书，有《梁惠王》《公孙丑》《滕文公》《离娄》《万章》《告子》《尽心》七篇。《孟子》一书集中地体现了孟子的政治思想、哲学思想和教育思想。《孟子》主张仁政，崇尚王道，主张统治者对臣民应减轻刑罚与赋税，发展农业生产，并对其施行道德教化，从而使国家长治久安。孟子提出了"民为贵，社稷次之，君为轻"的民本主义思想，指出国家存在的根本不在于"天时"、"地利"，而在于"人和"，劝诫统治者要与民同忧同乐。在哲学上，孟子提出"性善说"。孟子非常重视教育对人的影响作用；强调人的自我教育，主张修身养性，"养吾浩然之气"，以完善自我；他还教育人们为实现远大奋斗目标，要有"苦其心志"、"劳其筋骨"、"饿其体肤"的吃苦精神。《孟子》之文文意贯通，文采飞扬，说理透彻，有条不紊，气势充沛并长于论辩，后世许多散文大家无不因袭孟子的文风。

孟子之思想，为秦始皇所厌而毁之。《汉书·艺文志》仅仅把《孟子》放在诸子略中，视为子书，一直受冷落。唐代宗执政，《孟子》才列入儒家经典，北宋王安石第一次把《孟子》与《论语》并列，南宋朱熹将《孟子》列入"四书"。明朱元璋因独裁曾命人删节《孟子》，但《孟子》影响深远，在中华文化史上的地位是不可低估的。

(3) 《荀子》

《荀子》现存三十二篇，大部分是荀子自己的著作，涉及到哲学、逻辑、政

治、道德许多方面的内容。《荀子》博大精深，足称宏富，内容可谓应有尽有。如哲学专论有《天论》《荣辱》《解蔽》《正名》《性恶》等，政治学专论有《非相》《仲尼》《儒效》《王制》《王霸》《君道》《臣道》《强国》《正论》《礼论》《君子》等，军事学专论有《议兵》，经济学专论有《富国》，教育学专论有《劝学》，学术史专论有《非十二子》，伦理学专论有《修身》、《不苟》，人才学专论有《致士》，音乐艺术专论有《乐论》。此外，《荀子》中还出现了较为纯粹的文学作品《成相》与《赋篇》（包括五赋二诗）。《荀子》之文论题鲜明，

结构严谨，说理透彻，气势浑厚，语言质朴，句法简练缜密，语言丰富多彩，善于比喻，排比偶句很多，对后世说理文章影响很大。

（二）道家

1. 道家概述

道家又称"道德家"。道家思想起始于春秋末期的老子，但秦时期并没有"道家"这一名称。用"道"一词来概括由老子开创的这个学派是由汉初开始的，这时，道家也被称为德家。《汉书·艺文志》云："道家者流，盖出于史官，历记成败存亡祸福古今之道，然后知秉要执本，清虚以自守，卑弱以自持，此君人南面之术也。"道家思想在中国传统文化中占据了极重要的地位。

道家学派以春秋末年老子关于"道"的学说作为理论基础，直接从天道运行的原理侧面切入，以"道"说明宇宙万物的本质、本源、构成和变化，认为天道无为，万物自然化生，否认上帝鬼神主宰一切，主张道法自然，顺其自然，提倡清静无为，由此衍化为"人天合一"、"人天相应"、"为而不争，利而不害"，"修之于身，其德乃真"等思想，政治理想是"小国寡民"、"无为而治"。西汉太史令司马谈《论六家要旨》说："道家使人精神专一，动合无形，

赡足万物。其为术也，因阴阳之大顺，采儒墨之善，撮名法之要，与时迁移，应物变化，立俗施事，无所不宜，指约而易采，事少而功多。""其术以虚无为本，以因循为用。无成**埶**，无常形，故能究万物之情。不为物先，不为物后，故能为万物主。"

道家学派的创始人是老子。老子以后，道家内部分化为不同派别，著名的有四大派：庄子学派、杨朱学派、宋尹学派和黄老学派，代表人物有关尹、庄周、列御寇、杨朱、彭蒙、田骈等。道家的著作，除《老子》《庄子》之外，还有《管子》中的《心术》上、《心术》下、《白心》《内业》诸篇，汉初的《淮南子》、晋人的《列子》以及1973年长沙马王堆出土的《经法》《道原》《称》《十六经》等。

道家思想在中国传统文化中的地位仅次于儒家。西汉初年，汉文帝、汉景帝以道家思想治国，而有文景之治。汉武帝"罢黜百家，独尊儒术"后，道家从此成为非主流思想，但对统治者、知识分子和下层社会影响经久不衰，许多有作为的皇帝如唐玄宗、宋徽宗、朱元璋、康熙都曾专门给《道德经》作注。此外，道家思想以其独特的宇宙、社会和人生领悟，在哲学思想上呈现出永恒的价值与生命力，魏晋玄学、宋明理学都糅合了道家思想发展而成。佛教传入中国后，也受到了道家的影响，禅宗在诸多方面受到了庄子的启发。道家思想更为道教吸收，道教尊老子为太上老君，奉《道德经》为道教的经典，奉《庄子》为《南华真经》，并且用老庄的哲学来论证道教的神仙学，建立了道教的宗教哲学体系。

2. 道家代表人物

（1）老子

老子，姓李名耳，字聃，楚国苦县（今安徽涡阳县）人，是我国古代伟大的哲学家和思想家，道家学派创始人。老子的哲学思想和由他创立的道家学派，不但对我国古代思想文化的发展作出了重要贡献，而且对我国两千多年来思想文化的发展产生了深远的影响。

老子生活在春秋时期，曾在东周国都

百家争鸣

15

洛邑（今河南洛阳）任守藏史（相当于国家图书馆馆长）。他博学多才，孔子周游列国时曾到洛阳向老子问礼。老子晚年乘青牛西去，并在函谷关（位于今河南灵宝）前写成了五千言的《道德经》（又名《老子》），最后不知所终。

老子把"道"抽象化，概括成普遍的无所不包的最高哲学概念。在他看来，道既是凌驾于天之上的天地万物的本原，又是客观自然规律，具有"独立不改，周行而不殆"的永恒意义。他还提出"天法道，道法自然"的思想，摒除利

"天命"的绝对权威。在政治上，老子主张"无为而治"，无为是指不妄为，不胡作非为，不为所欲为，理想政治境界是"邻国相望，鸡犬之声相闻，民至老死不相往来"。老子的哲学里包含着丰富的辩证法思想，指出任何事物都有矛盾对立的两个方面，如"正复为奇，善复为妖"，"祸兮福之所倚，福兮祸之所伏"，矛盾两方还可以互相转化，即"反者道之动"，转化的途径是"守静"。

（2）庄子

庄子（约公元前369年—前268年），名周，字子休（一说子沐），战国时代宋国蒙（今安徽省蒙城县，另一说河南省商丘市东北）人。著名思想家、哲学家、文学家，是老子哲学思想的继承者和发展者，道家学派的代表人物。庄周身世如谜，据说出身于没落贵族家庭，相传，庄子妻子过世时，他鼓盆而歌。庄子曾做过宋国漆园吏的小官，后来厌恶官职，"终身不仕"。后世将庄子与老子并称为"老庄"，称他们的哲学为"老庄哲学"。

庄子继承并发扬了老子的道家思想。他认为"道"是"虚无"的实体，能生成天地与万物。《庄子》载："夫道，有情有信，无为无形；可传而不可受，可得而不可见，自本自根，未有天地，自古以固存，神鬼神帝，生天生地。"又说："道不可闻，闻而非也；道不可见，见而非也；道不要言，言而非也。知形形之不形乎，道不当名。"庄子思想包含着朴素辩证法因素，认为一切事物都在变化，他认为"道"是"先天生地"的，从"道未始有封"（即"道"是无界限差别的）。庄子倡导"无为"，放弃生活中的一切争斗，游心于物外，不为

世俗所累，从而达到一种"天地与我并生，万物与我为一"的逍遥境界。

作为富于诗人气质的哲学家，庄子在我国思想史上、文学史上都有极重要的地位，影响巨大而深远。后世道教继承道家学说，庄子被神化而奉为神灵，唐玄宗天宝元年封其为"南华真人"，宋徽宗时封为"微妙元通真君"。

3. 道家代表著作

（1）《道德经》

《道德经》，又称《道德真经》《老子》《五千言》《老子五千文》，传说是老子李耳所撰写，是道家哲学思想的重要来源。《道德经》文约意丰，涵盖哲学、伦理学、政治学、军事学等诸多学科，内容博大精深、玄奥无极、涵括百家、包容万物，是第一部用诗化语言阐述中国哲学的巨著，是中国传统文化的优秀代表。《道德经》不仅是一部哲学经典，而且文字简洁、辙韵强劲，因此，还被称作是一种特殊形式的诗。

《道德经》分上下两篇，原为上篇《德经》、下篇《道经》，不分章，后改为《道经》在前，《德经》在后，并分为八十一章。《道经》讲述了宇宙的根本，道出了天地万物变化的玄机。《德经》说的是处世方略。《道德经》之学旨在于从天人合一之立场出发，穷究作为天地万物本源及宇宙最高理则之"道"，以之为宗极，而发明修身治政等人道。所谓"人法地，地法天，天法道，道法自然"，人道当取法于地，究源及道所本之自然，因而，人们应自然无为听天由命，当"处无为之事，行不言之教"，还刀兵，离争斗，不尚贤，不贵难得之货，不见可欲，使民虚心实腹，无知无欲，如此，则无为而治。《庄子·天下篇》总结《道德经》思想说："以本为精，以物为粗，以有积为不足，澹然独居神明居……建之以常无有，主之以太一，以濡弱谦下为表，以空虚不毁万物为实。"

《道德经》被誉为"万经之王"，以博大精深的思想和人文精神对中国古老的哲学、科学、政治、宗教等，产生了深刻的影响。它也成为世界历史文化遗产的宝贵财富，越来越多的西方学者

百家争鸣

不遗余力地探求其中的科学奥秘，德国、法国、英国、美国、日本等发达国家相继兴起了"老子热"。

（2）《庄子》

《汉书·艺文志》著录《庄子》五十二篇，但留下来的只有三十三篇，分"内篇"、"外篇"、"杂篇"三个部分，一般认为"内篇"的七篇文字肯定是庄子所写的，《齐物论》、《逍遥游》、《大宗师》集中体现了庄子思想；"外篇"十五篇一般认为是庄子及其弟子合作写成的；"杂篇"应当是庄子学派或者后来的学者所写，《盗跖》、《说剑》等不是庄子之思想。

《庄子》在中国的文学史上独树一帜，其文章生动细腻，挥洒自如，意象雄浑飞越，想象汪洋恣肆，情致滋润旷达，文笔变化多端，具有浓厚的浪漫主义色彩，并采用寓言故事形式，富有幽默讽刺的意味，对中国的古代小说和传奇的文本表达有重大的影响。《庄子》句式也富于变化，或顺或倒，或长或短，更加之词汇丰富，描写细致，又常常不规则地押韵，显得极富表现力，极有独创性。《庄子》标志着先秦散文已经发展到成熟的阶段。

（三）墨家

1. 墨家概述

墨家是先秦诸子百家中很重要的学派之一，在当时和儒家一起并称先秦时代的两大"显学"，当时有"非儒即墨"之说。墨家因创始人是墨翟，世称墨子，故而这一学派被称为墨家学派。墨家代表著作是《墨子》，由墨子的弟子根据授课笔记编撰而成。

《汉书·艺文志·诸子略》中说："墨家者流，盖出于清庙之守。茅屋采椽，是以贵俭；养三老五更，是以兼爱；选士大射，是以上贤；宗祀严父，是以右鬼；顺四时而行，是以非命；以孝视天下，是以上同；此其所长也。及蔽者为之，见俭之利，因以非礼，推兼爱之意，而不知别亲疏。"此说墨家出自清庙之守，意思是管理庙中事物，演习郊祀或其他祭祀礼仪，也有说墨家者流盖出于武士，其实，墨家应主要来源于社会中下层手工业者。

《淮南子·要略》载："墨子学儒者之业，受孔子之术。"可见墨家是从儒家分出来的。但墨家的主张和儒家是针锋相对的。墨家主张"兼爱"，兼，视人如己；兼爱，即爱人如己，"天下兼相爱"，就可达到"交相利"的目的。政治上主张尚贤、尚同和非攻，反对世卿世禄制度，认为任用官吏要重视才能，打破旧的等级观念，使"官无常贵，而民无终贱"；经济上主张强本节用；思想上提出尊天事鬼。同时，又提出"非命"的主张，强调靠自身的强力从事。

墨家组织严密，其徒属从事谈辩者，称"墨辩"；从事武侠者，称"墨侠"；领袖称"巨（钜）子"。墨家讲究"任侠"，相传皆能赴汤蹈刃，并以自苦励志。墨家尤重艰苦实践，"孔席不暖，墨突不黔"，"短褐之衣，藜藿之羹，朝得之，则夕弗得"，"摩顶放踵，利天下，为之"（《孟子·尽心上》），"以裘褐为衣，以跂蹻（草鞋）为服，日夜不休，以自苦为极"，生活清苦。墨家纪律严明，相传"墨者之法，杀人者死，伤人者刑"（《吕氏春秋·去私》）。

墨翟死后，墨家分裂为三派，有相里氏之墨，邓陵氏之墨，相夫氏之墨，活动于战国中后期。至战国后期，汇合成二支：一支注重认识论、逻辑学、数学、光学、力学等学科的研究，对前期墨家的社会主张多有继承，是谓后期墨家，另一支则转化为秦汉社会的游侠。战国以后，墨家已经衰微。到了西汉时，由于汉武帝的独尊儒术政策、社会心态的变化以及墨家本身并非人人可达的艰苦训练、严厉规则及高尚思想，墨学由显学逐渐变为绝学。

2. 墨家代表人物：墨子

墨子（约公元前 468 年—公元前 376 年），名翟，鲁小邾国人（今山东省滕州市人），战国时期著名的思想家，教育家，军事家，也是先秦诸子中唯一的自然科学家，墨家学派的创始人，并有《墨子》一书传世。

《史记·孟子荀卿列传》中说："盖墨翟宋之大夫，善守御，为节用。或曰并孔子时，或曰在其后。"墨子平民出身，是小工业者。他精通手工技艺，可与当时的巧匠鲁班相比。他自称是"鄙人"，被人称为"布衣之士"和"贱人"。曾做过宋国大夫，自诩说"上无君上之事，下无耕农之难"，是一个同情"农与工肆之人"的士人。墨子曾经从师于儒者，学习孔子之术，称道尧舜禹，学习《诗》《书》《春秋》等儒家典籍。但后来逐渐对儒家的烦琐礼乐感到厌烦，最终舍掉了儒学，形成声势浩大的墨家学派。墨子一生的活动主要在两方面，一是广收弟子，积极宣传自己的学说，二是不遗余力地反对兼并战争，为"扶危济困"的正义事业而奔波，班固在《答宾戏》中说："孔席不暖，墨突不黔"，又说他"日夜不休，以自苦为极"。可以说，墨子为下层劳动人民争取切身的利益，为解决或减轻他们的贫困和饱受压迫之苦而付出极大的心血。

墨子有十项主张：兼爱、非攻、尚贤、尚同、节用、节葬、非乐、天志、明鬼、非命，其中以兼爱为核心，以节用、尚贤为基本点。除了政治上的建树和理论上的学说之外，墨子在物理学、光学等领域也有所研究。墨子几乎谙熟当时各种兵器、机械和工程建筑的制造技术，并有不少创造。在《墨子》一书中的"备城门"、"备水"、"备穴"、"备蛾"、"迎敌祠"、"杂守"等篇中，他详细地介绍和阐述了城门的悬门结构，城门和城内外各种防御设施的构造，弩、桔槔和各种攻守器械的制造工艺，以及水道和地道的构筑技术。

墨子的为人，在当时有很高的评价。《孟子·尽心上》中说："墨子兼爱，摩顶放踵利天下，为之"，对他的"士志于道"十分赞扬。《庄子·天下》中说墨子："好学而博"，并且认为他是个以天下为己任、立志救民于水火之中的大好人，由衷地称赞"墨子真天下之好也，将求之不得也，虽枯槁不舍也，才士也夫！"

3. 道家代表著作：《墨子》

《墨子》是墨子的弟子及其再传弟子对墨子言行的辑录。西汉时刘向把《墨子》整理成七十一篇，但六朝以后逐渐流失，现在所传的《道藏》本共五十三篇。《墨子》内容广博，包括了政治、军事、哲学、伦理、逻辑、科技等方面，是研究墨子及其后学的重要史料。

《墨子》分两大部分：一部分是记载墨子言行，阐述墨子思想，主要反映了前期墨家的思想；另一部分《经上》《经下》《经说上》《经说下》《大取》《小取》等六篇，一般称作《墨辩》或《墨经》，着重阐述墨家的认识论和逻辑思想，还包含许多自然科学如天文学、几何光学和静力学的内容，反映了后期墨家的思想。

《墨子》一书政治观点和道德观念形成的共同基本核心思想，便是墨子提出的"兼爱"（兼相爱）。"兼爱"是墨家学派的主要思想观点，其他非攻、节用、节葬、非乐等主张，也都是由此而派生出来的。墨子以"兼爱"为其社会伦理思想的核心，认为当时社会动乱的原因就在于人们不能兼爱。"兼爱"即人与人之间实行普遍的、无差别的互相友爱，就是"视人之国，若其国；视人之家，若其家；视人之身，若视其身"，使彼此的利益兼而为一。如果"诸侯相爱，则不野战；家主相爱，则不相篡；人与人相爱，则不相贼；君臣相爱，则惠忠；父子相爱，则慈孝；兄弟相爱，则和调。天下之人皆相爱，强不执弱，众不劫寡，富不侮贫，贵不傲贱，诈不欺愚，凡天下祸篡怨恨，可使毋起者，以相爱生也，是以仁者誉之。"（《墨子·兼爱中》）墨子的"兼爱"其实是对儒家"仁"的改造，提倡"无差别的爱社会上一切人"。

从"兼爱"出发，《墨子》还提出"非攻"，反对侵略和掠夺的不义战争；"尚贤"，尊重、重用贤人，所谓"官无常贵，民无终贱；有能则举之，无能则下之"；"尚同"，"选天下之贤可者，立为天子"；"节用"，反对贵族的铺张浪费；"节葬"，反对儒家倡导的厚葬；"非乐"，反对音乐，认为音乐的盛行妨碍男耕女织。此外，《墨子》还提到"天志""明鬼"的思想，认为，天是有意志的，并且"天志"是衡量人世间一切言行的尺度，而"天志"就是要求人们"兼爱"，"顺天意者，兼相爱，交相利，必得赏；反天意者，别相恶，交

相贼，必得罚。"而"明鬼"坚信鬼神其有，而且尤其认为它们对于人间君主或贵族会赏善罚暴。但是，墨子认为寿夭、贫富、安危、治乱不是天命决定的，而是由人力决定的。由于人的努力，可以达到"富"、"贵"、"安"、"治"；如果相信命定，不去努力从事，就必然得到相反的结果。

1. 法家概述

法家是先秦诸子中颇具影响的一个学派，因主张以法治国，"不别亲疏，不殊贵贱，一断于法"，故称之为法家，其学说为君主专制的大一统王朝的建立，提供了理论根据和行动方略。儒、墨是春秋战国时期思想学术的"显学"，法家则在政治上独步天下。

法家起源于古代掌管诉讼的官员，《汉书·艺文志》中说："法家者流，盖出于理官。信赏必罚，以辅礼制。""理官"严格按法律、规定进行奖赏和惩罚，以此来辅助礼制。管仲、子产是法家的先驱，而在战国初期，李悝、商鞅、申不害、慎到等开创了法家学派。至战国末期，韩非综合商鞅的"法"、慎到的"势"和申不害的"术"，集法家思想学说之大成。"法"即法律、法令，是要求臣民必须遵守的；"势"即君主独掌军政大权的权势；"术"即权术，是君王控制驾驭臣民的手段和策略。

法家学派主张废井田，重农抑商、奖励耕战，认为发展农业生产，国家才能有足够的粮食布帛，人民才能富裕起来；重视战争，军队才能强大，才能争霸于天下。政治上，法家认为"时异则事异"，"事异则备变"，"圣人不期修古，不法常可。论世之事，因为之备"，故而主张锐意改革。商鞅提出"不法古、不循今"，韩非子更提出"时移而治不易者乱"，把守旧的儒家讽刺为守株待兔的愚蠢之人。法家重视"法治"，强调"法"是治国的根本，正如《史记》所说："法家不别亲疏，不殊贵贱，一断于法。"同时，反对分封和世袭制，主张君主专制和独裁，主张建立由中央委派官吏的郡县制。思想和教育方面，法

中国文化大事件

22

家则主张禁断诸子百家学说，以法为教，以吏为师。

法家的代表人物主要有：管仲、李悝、商鞅、申不害、慎到、李斯、韩非等人。《汉书·艺文志》著录法家著作有二百十七篇，今存近半，其中最重要的是《商君书》和《韩非子》。

春秋战国时期，法家学派就政治层面而言，远较其他各家的影响大。在战国各诸侯国的变法革新中法家占据了统治地位，在学术界也成为战国时的显学。秦始皇君臣崇尚法家，正是用法家学说为指导灭掉了六国，统一了中国，使法家思想取得了辉煌的胜利。西汉武帝尊儒以后，法家的影响逐渐势微，作为严格意义上的法家就从政治舞台上消失了，但法家学说仍然或隐或显地发挥着作用。历代统治者多数采用"霸王道杂之"即外儒内法、儒法并用的统治方法。

2. 法家代表人物

（1）商鞅

商鞅（约公元前390年—公元前338年），卫国（今河南安阳市内黄梁庄镇一带）人，战国时期政治家，思想家，著名法家代表人物。卫国国君的后裔，公孙氏，故称为卫鞅，又称公孙鞅，后封于商，后人称之商鞅。

商鞅早年为魏国宰相公叔痤家臣。公叔痤病重时对魏惠王说："公孙鞅年少有奇才，可任用为相。"又对惠王说："王既不用公孙鞅，必杀之，勿令出境。"公孙痤病死后，魏王并没有重用商鞅。后来听说秦孝公下令求贤者，商鞅便携李悝的《法经》到秦国去。通过秦孝公宠臣景监，三见孝公，商鞅畅谈变法治国之策，孝公大喜，商鞅得到了施展他变法理想的舞台。周显王十三年（公元前356年）和十九年（公元前350年）商鞅先后两次实行变法，主要内容为：建立新型的军功爵制，激励士兵奋勇杀敌；奖励耕织，保证了秦国后方粮草充足；制定新法，使得百姓各司其职，安分守己。变法期间，太子犯法，商鞅曰："法之不行，自上犯之"，刑其太傅公子虔与老师公孙贾。秦国自商鞅变法后，迅速成为一个强大的诸侯

百家争鸣

国，为后世统一天下奠定了基础。孝公死后，商鞅被贵族诬害，逃亡至边关，欲宿客舍，结果因未出示证件，店家害怕"连坐"不敢留宿，自是"作法自毙"。后商鞅被杀于郑国黾池，死后被秦惠王处"车裂之刑"，并以灭族。

（2）韩非

韩非子（约公元前275年—公元前233年），韩国都城阳翟（今河南省禹州市）人，中国古代著名的哲学家、思想家和散文家，法家思想的集大成者，世称"韩非子"。韩非原为韩国贵族，与李斯同师荀卿。韩非博学多能，才学超人，思维敏捷，李斯自以为不如。韩非口吃，但他善于写作，且继承和发展了荀子的法术思想，同时又吸取了他以前的法家学说，比较各国变法得失，提出"以法为主"，法、术、势结合的理论，集法家思想大成。韩非创立的法家学说，为结束诸侯割据，建立统一的中央集权的封建制国家，提供了理论依据。

韩非生活的时代，韩国国势日益削弱，韩非多次上书韩王变法图强，希望韩王励精图治，变法图强，不见用，乃发愤著书立说，根据历史上治国的经验教训和现实社会状况，写出了《五蠹》《孤愤》《内外储说》《说林》《说难》等十余万字的政论文，全面、系统地阐述了他的法治思想，抒发了忧愤孤直而不容于时的愤懑。秦王政慕其名，遗书韩王强邀其出使秦国，韩非的思想被秦始皇所重用。韩非曾上书劝秦始皇先伐赵缓伐韩，由此遭到李斯和姚贾的谗害，他们诋毁地说："韩非，韩之诸公子也。今王欲并诸侯，非终为韩不为秦，此人之情也。今王不用，久留而归之，此自遗患也，不如以过法诛之。"韩非被毒死于狱中。今存《韩非子》五十五篇。

3. 法家代表著作

（1）《商君书》

《商君书》也称《商子》，现存二十四篇，《商君书》不是一人或一时的著作，而是商鞅学派著作的汇编，成书时间在公元前260年长平之战以后。到战国末年在社会上已很流行，韩非曾说："藏商管之法者家有之。"

中国文化大事件

《商君书》侧重记载了法家革新变法、重农重战、重刑少赏、排斥儒术等言论。《商君书》说："不法古，不修今，因世而为之治，度俗而为之法"。既反对复古，又反对安于现状，主张积极地向前看，这在当时是有进步意义的。《商君书》提出的政治目标，是谋求国家的"治"、"富"、"强"、"王"。"王"就是完成统一，建立统一的王朝。达到这个最高政治目标的办法，一是加强法治，主张奖励告发"奸邪盗贼"，对轻罪用重刑，从而加强法治的效果，"王者刑用于将过（过错将要发生的时候），则大邪不生；赏施于告奸，则细过不失"。二是讲究耕战政策。商鞅把是否推行耕战提到决定国家兴亡和君主安危的高度，说："国之所以兴者，农战也"，"国待农战而安，主待农战而尊"。

（2）《韩非子》

《韩非子》是先秦法家学说集大成者的著作，现存五十五篇，约十余万言，大部分为韩非所作。

《韩非子》一书，重点宣扬了韩非法、术、势相结合的法治理论。韩非子认为，历史是不断发展进步的，当代必然胜过古代，主张"不期修古，不法常可"，"世异则事异，事异则备变"，人们应该按照现实需要进行政治改革，不必遵循古代的传统。以此为理论前提，韩非提出了系统的法治理论，认为"明法者强，慢法者弱"，主张"以法为本"，要依法行事，做到"法不阿贵，绳不挠曲。法之所加，智者弗能辞，勇者弗敢争。刑过不避大臣，赏善不遗匹夫"。韩非认为，君主要利用权术驾驭大臣，君主必须有权有势，才能治理天下，"万乘之主，千乘之君，所以制天下而征诸侯者，以其威势也"。为此，要铲除"五蠹"：学者（儒家）、言谈者（纵横家）、带剑者（游侠）、患御者（指依附贵族并且逃避兵役的人）、商工之民。即韩非子认为"事在四方，要在中央；圣人执要，四方来效"，主张建立君主专制的中央集权的封建国家，国家大权集中在君主一人手里，迎合了建立大一统专制国家的历史发展趋势。

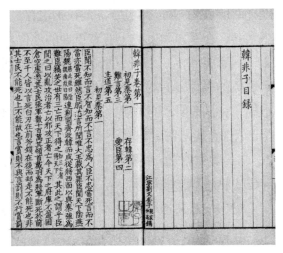

《韩非子》说理精密，文锋犀利，议论透辟。比如《难言》《说难》二篇，无微不至地揣摩所说者的心理，以及如何趋避投合，周密细致，无以复加。值得一提的是，《韩非子》书中记载了大量脍炙人口的寓言故事，如自相矛盾、守株待兔、讳疾忌医、滥竽充数、老马识途等，蕴含着深隽的哲理，耐人寻味，且具有较高的文学价值。

（五）兵家

1.兵家概述

兵家是先秦、汉初主要研究军事理论，从事军事活动的学派。"兵家"一词最早见于《孙子兵法·始计篇》："此兵家之胜，不可先传也"。兵家的实践活动与理论，影响当时及后世甚大，为我国古代宝贵的军事思想遗产，也是中国传统文化和军事宝库中光彩夺目的瑰宝，在中国军事哲学思想史上具有不可磨灭的影响。

春秋战国间，由于兼并战争规模的扩大和战争方式的改变，产生了专门指挥作战的将帅和军事家。许多军事家总结了战争的经验，并从事于军事理论的研究，著成论兵法的书，这在文化上也是一种重要的贡献。春秋晚期孙武所著的《孙子兵法》，是我国现存最早的一部兵书，长期以来作为古代军事名著，在军事学术史上有着重要的地位。

兵家将政治、经济、军事、天文、地理、国际关系等各种客观因素作为决定胜负的条件，并把它们看成是相互关联的决策的整体，同时注重战争的主观指导，特别是计谋的使用，总结出"知彼知己，百战不殆；知天知地，胜乃可全"、"攻其无备、出其不意"、"兵贵胜、不贵久"、"兵贵其和，和则一心"、"三军可夺气，将军可夺心"、"密察敌之机，而速乘其利，复疾击其不意"等作战思想和作战规律。

《汉书·艺文志·兵书略》著录汉以前兵家著作五十三家，七百九十篇，图四十三卷，将兵家著作分为四类：兵权谋类——侧重于军事思想、战略策略；兵形势类——专论用兵之形势；兵阴阳类——以阴阳五行论兵，且杂以鬼神助战之说；兵技巧类——以兵器和技巧为主要内容。兵家的鼻祖是孙武，兵家代表人物，春秋末有孙武、司马穰苴；战国有孙膑、吴起、尉缭、魏无忌、白起等；汉初有张良、韩信等。兵书在中国的发展源远流长，兵书产生于西周，成熟于春秋，今存兵家著作有《黄帝阴符经》《六韬》《三略》《孙子兵法》《司马法》《孙膑兵法》《吴子》《尉缭子》等，其中以孙武的《孙子兵法》影响最大，是兵家学说的重要著作。

2. 兵家代表人物

（1）孙武

孙武，生卒年不详，字长卿，后人尊称其为孙子、孙武子、兵圣、百世兵家之师、东方兵学的鼻祖。曾以《兵法》十三篇见吴王阖闾，经伍子胥的推荐，得见吴王。据有关资料记载，为考察孙子的统兵能力，吴王挑选了100多名宫女由孙子操练。这就是人们所传说的孙子"吴宫教战斩美姬"的故事。吴宫操练之后，吴王任命孙子为上将军，封为军师。从此，孙子与伍子胥共同辅佐吴王，安邦治国，发展军力。公元前506年冬，吴国以孙子、伍子胥为将，出兵伐楚。孙子采取"迂回奔袭、出奇制胜"的战法，溯淮河西上，从淮河平原越过大别山，长驱深入楚境千里，直奔汉水，在柏举（今湖北汉川北）重创楚军。接着孙子五战五捷，率兵6万打败楚国20万大军，攻入楚国郢都。楚国元气大伤，渐渐走向衰落，而吴国的声威则大振，北威齐晋，南服越人，显名诸侯，成为春秋五霸之一。所著《十三篇》是我国最早的兵法，被誉为"兵学圣典"，置于《武经七书》之首，被译为英文、法文、德文、日文，成为国际间最著名的兵学典范之书。

（2）孙膑

孙膑，齐国阿鄄人，孙武的后裔，大致与商鞅、孟轲同时。相传他少年时与庞涓同师于高人鬼谷子。后来庞涓在魏国当了将军，因忌妒孙膑才能，将他骗到魏国，借故处以膑刑（去膝盖骨），并加以

兵聖孫武

软禁。孙膑后来在齐国使臣帮助下秘密回到齐国，由于齐将田忌的推荐，被齐威王任为军师。他协助齐将田忌，设计大败魏军于桂陵、马陵，迫庞涓自杀，使齐国成为强国之一。孙膑在作战中运用避实击虚、攻其必救的原则，创造了著名的"围魏救赵"战法，为古往今来兵家所效法。孙膑继承和发展了孙武的军事理论，把"道"看作战争客观规律，提出了以寡胜众、以弱胜强的战法，主张以进攻为主的战略，根据不同地形，创造有利的进攻形势，重视对城邑的进攻和对阵法的运用。著有《孙膑兵法》一书。

3. 兵家代表著作

（1）《孙子兵法》

《孙子兵法》又称《孙武兵法》《吴孙子兵法》《孙子兵书》《孙武兵书》等，共十三篇，约六千字，内容博大精深，思想精邃富赡，逻辑缜密严谨，是中国史上最早的一部经典性的军事学著作，与《战争论》（克劳塞维茨）、《五轮书》（宫本武藏）并称为世界三大兵书。

《孙子兵法》中把"令民与上同意"的"道"作为决定战争胜败的首要因素，要使民众与君上的意愿一致，能够为君上出生入死；提出"知彼知己，百战不殆"，注重了解情况，全面地分析敌我、众寡、强弱、虚实、攻守、进退等矛盾双方，并通过对战争客观规律的认识和掌握以克敌制胜。强调"致人而不致于人"，即要依靠主观努力取得战争的主动权，善于调动敌人而不被敌人所调动，从而利用有利态势，主动、灵活地打击敌人；主张"我专而敌分"，即要集中优势兵力，打击分散的敌人，"以十攻其一"，"以众击寡"，就能取得战争的胜利；还提出作战方式因敌情而变化，"兵无常势，水无常形，能因敌变化而取胜，谓之神"，强调了战略战术上的"奇正相生"和灵活运用。《孙子兵法》寓意精邃、论理精微，对中国古代军事学术的发展产生了巨大而深远的影响。

（2）《孙膑兵法》

《孙膑兵法》为孙膑所作，古称《齐孙子》，是中国古代的著名兵书，也是

《孙子兵法》后兵家学派的又一力作。《汉书·艺文志》称"《齐孙子》八十九篇，图四卷"，把它与《吴孙子兵法》并列，但自《隋书·经籍志》始，便不见于历代著录，概大约在东汉末年便已失传。1972 年 2 月，山东临沂银雀山一号汉墓出土了竹简本的《孙膑兵法》，这使失传已久的古书得以重见天日。

《孙膑兵法》总结了战国中期以前的大量战争实践，从基本理论到战术原则，都进一步继承和发展了《孙子兵法》。《孙膑兵法》在战争观、军队建设和作战指导诸方面都提出了若干有价值的观点和原则，特别强调"内得民心，外知敌情"是取得战争胜利的重要条件；把"道"看作战争客观规律，强调必须遵循战争本身固有的客观规律去指导战争；提出了以寡胜众、以弱胜强的战法，主张以进攻为主的战略；在战略战术上贵"势"，即依据一定条件占据主动和优势；认为只有覆军杀将方为全胜，开创歼灭战的理论；提出对部队实施严格的政治教育、队列训练、行军训练、阵法训练、战法训练，成为先秦时期最完整系统的军队教育训练理论；对野战中车垒的运用、阵法的研究和将领的必备条件等均有阐述。这些都受到中外学者的赞赏和重视。

（六）名家

1. 名家概述

名家是先秦以思维的形式、规律和名实关系为研究对象的学派，战国时称"刑名家"或"辩者"，西汉始称"名家"。作为一个思想流派而言的"名家"，它的思想与现代的汉语所说的"名家"是不同的。这个"名"不是出名的意思，而主要是指事物的名称、概念。名家主要活跃在先秦的春秋战国时期，以善于辩论，善于语言分析而著称于世，对中国古代逻辑思想的发展颇有贡献。

名家思想最早萌芽于春秋时期，名家创始人邓析首倡"刑名之论"，操"两可之说"，开名辩一代风气。名家兴盛于战国中期，以惠施和公孙龙为代表，他们以擅长概念分析而驰名天下。作为一个学派，名家并

百家争鸣

没有共同的主张，仅限于研究对象的相同，而各说差异很大。主要有"合同异"和"离坚白"两派，前者以惠施为代表，认为万物之"同"与"异"都是相对的，皆可"合"其"同"、"异"而一体视之。后者以公孙龙为代表，认为一块石头，用眼只能感觉其"白"而不觉其"坚"，用手只能感觉其"坚"而不觉其"白"，故而"坚"和"白"是分离的、彼此孤立的。

《汉书·艺文志》中说："名家者流，盖出于礼官。古者名位不同，礼亦异数。孔子曰：'必也正名乎！名不正则言不顺，言不顺则事不成。'此其所长也。及警者为之，则苟钩析乱而已。"事实上，名家应多出于辩者。名家代表人物是：邓析子、尹文子、公孙龙、成公生、惠子、黄公、毛公等，《汉书·艺文志》著录名家《邓析》二篇，《尹文子》一篇，《公孙龙子》十四篇，《成公生》五篇，《惠子》一篇，《黄公》四篇，《毛公》九篇。唯《公孙龙子》尚存残本，其他亡佚或伪作。

历来学者对名家多有讥讽之词，荀子曾以儒者的口吻苛责名家的理辩谓："好治怪说，玩琦辞，甚察而不惠，辩而无用，多事而寡功，不可以为治纲纪。"庄子则说名家"饰人之心，易人之意，能胜人之口，不能服人之心"。以概念本身的分析及思维结构作为学术研究对象的名家，活跃当时，曾先后与墨、儒、道、阴阳诸学派展开论辩，使百家争鸣更具有思辩意义，但对后世的影响远不及其他诸家。随着秦朝的统一，百家争鸣的局面结束了，名家学派也随着时代的变迁而销声匿迹。

2. 邓析及其思想

邓析（公元前545年—公元前501年），河南新郑人，郑国大夫，春秋末期思想家，"名辨之学"倡始人。与子产同时，名家学派的先驱人物。汉刘向在《邓析书录》说他："操两可之说，设无穷之辞"，《吕氏春秋·审应览·离谓》中对他介绍说："子产治郑，邓析务难之。与民之有狱者约，大狱一衣，小狱襦绔。民之献衣，褚绔而学讼者，不可胜数。以非为是，以是为非，是非无度，而可与不可日变。"

中国文化大事件

邓析第一个提出反对"礼治"思想，其思想倾向是"不法先王，不是礼义"。邓析反对"刑书"，私造"竹刑"，邓析"务难"子产之政，故意与子产的政策主张对着干，他不满子产所铸刑书，私自编了一部适应新兴地主阶级要求的成文法，把它写在竹简上，叫做"竹刑"，从而挑起了郑国的"刑名之辩"。传说，他聚众讲学，私家传授法律，"学讼者，不可胜数"，致使"郑国大乱，民口欢哗。"

《吕氏春秋·离谓》对邓析"两可之说"做了记载："洧水甚大，郑之富人有溺者。人得其死者，富人请赎之，其人求金甚多。以告邓析。邓析曰：'安之，人必莫之卖矣。'得死者患之，以告邓析。邓析又答之曰：'安之，此必无所更买矣。'"对于赎尸交易的双方——富人和得尸者，邓析的回答都是"安之"（不必着急），同样是"急"，富人与得尸者理由不同；同样是"不急"，富人与得尸者原因各异。这说明邓析已经看到了事物的相对性和矛盾性，区分了事物的实际矛盾和思维矛盾。

3. 惠施及其思想

惠施（约公元前 370 年—公元前 310 年），宋人，战国后期人，政治家、辩客，是名家的代表人物。《庄子·天下》篇称"惠施多方，其书五车。"又曰："惠施不辞而应，不虑而对，遍为万物说，说而不休，多而无已，犹以为寡，益之以怪。"惠施为战国时代名辩思潮中的思想巨子，与公孙龙共同将名辩学说推向顶峰。

惠施在魏惠王时为相 15 年，主张联合齐、楚，曾促成魏、齐二君"徐州相王"，即互相尊对方为王，开战国时代诸侯称王的局面。魏惠王对惠施十分尊宠，甚至想传以王位，他坚决拒绝。惠施主张"偃兵"、"去尊"等学说，倡"合纵"政策对付秦国。后来失宠离开魏国，前往楚国。楚畏秦，不见用，惠施被送往宋国。从此他得以与庄子交

游，二人成为观点不同、经常辩难但却是心心相印的好朋友。庄子认为惠施"弱于德，强于物"，"散于万物而不厌"，"逐万物而不返"，即不像儒、墨那样重视政治、伦礼、道德，而是重点研究"物之理"。

惠施的"历物十事"即多穷"物之理"，见之于《庄子·天下》篇："历物之意曰：至大无外，谓之大一；至小无内，谓之小一。无厚不可积也，其大千里。天与地卑，山与泽平。日方中方睨，物方生方死。大同而与小同异，此之谓小同异；万物毕同毕异，此之谓大同异。南方无穷而有穷。今日适越而昔来。连环可解也。我知天下之中央，燕之北、越之南是也。泛爱万物，天地一体也。"惠施的十个命题，主要是对自然界的分析，其中有些含有辩证的因素。如"大一"是说整个空间大到无所不包，不再有外部；"小一"是说物质最小的单位，小到不可再分割，不再有内部。万物既然都由微小的物质粒子构成，同样基于"小一"，所以说"万物毕同"；但是由"小一"构成的万物形态千变万化，在"大一"中所处的位置各不相同，因此又可以说"万物毕异"。

4. 公孙龙及其思想

公孙龙（约公元前325年—公元前250年），赵国人。生平事迹不详。传说公孙龙游说各国，与人论辩，经常获胜，而庄子评论说："能胜人之口，不能服人之心。"公孙龙著有《公孙龙子》一书，原有十四篇，现存六篇。其中《迹府》一篇是后人汇集公孙龙生平言行写成的传略。其余五篇是：《白马论》《指物论》《通变论》《坚白论》《名实论》。其中《坚白论》《白马论》最著名。《坚白论》主张"离坚白"，认为没有白色的坚石，而只有"白石"与"坚石"，"坚与白均离于石，不可并存于石"。《白马论》则做了"白马不是马"的论证，主要从概念分析和概念外延两个角度来认证的。从概念分析的角度来讲，"马"

这个概念是指事物的形体，而"白"这个概念是指事物的颜色。"形体"和"颜色"是两种不同的东西，"白马"即指形体又指颜色，而"马"仅仅指"形体"。因此"白马非马"。而"马"与"白马"在外延上也有差别，如果我们要找匹"马"骑骑，那么"黄马"、"黑马"都是我们要找的马。而如果我们要找匹"白马"骑，那么"黄马"、"黑马"就都不是我们要找的马。因此，如果"白马是马"，那么无论我们是要找"马"骑，还是要找"白马"骑，那就应该"黄马"、"黑马"都可以了，但事实上并非如此，所以假设不成立，也就证明了"白马非马"。

（七）　阴阳家

1.阴阳家概述

阴阳家又称"阴阳五行家"或"五行家"，因提倡阴阳五行学说，并用它解释社会人事而得名。战国时，阴阳五行学说盛极一时，西汉史家司马谈《论六家要旨》列阴阳家为六大学派之首。阴阳家当源于上古执掌天文历数的官员，《汉书·艺文志》云："阴阳家者流，盖出于羲和之官，敬顺昊天，历象日月星辰，敬授民时，此其所长也。"

阴阳是古人对宇宙万物两种相反相成的性质的一种抽象，也是宇宙对立统一及思维法则的哲学范畴。五行学说认为万物皆由木、火、土、金、水五种原素组成，其间有相生和相胜两大定律，可用以说明宇宙万物的起源和变化。邹衍综合二者，根据五行相生相胜说，创"五德终始说"，认为历史朝代的嬗变遵守五行相生相胜之道，以此论证了周室必将被新王朝所替代，为新兴的大一统王朝的建立提供理论根据。阴阳家还强调"因阴阳之大顺"，包含若干天文、历法、气象和地理学的知识，有一定的科学价值。司马迁称邹衍"称引天地剖判以来，五德转移，

百家争鸣

治各有宜，而符应若兹"（《史记·孟子荀卿列传》）。

阴阳家代表人物有公梼生、公孙发、南公等人，但以邹衍最为著名。《汉书·艺文志》载：阴阳二十一家，三百六十九篇，《公梼生终始》十四篇，《公孙发》二十二篇，《邹子》四十九篇，《邹子终始》五十六篇，《乘丘子》五篇，《杜文公》五篇，《黄帝泰素》二十篇，等等，但现存少量残文外，均已亡佚。

作为理论学派，汉武帝尊儒后，阴阳家部分内容融入儒家思想体系、部分内容为原始道教所吸收，多衍为方士方术，作为独立学派的阴阳家消失。

2. 阴阳五行学说

"阴阳"的概念，最早见于《易经》，"五行"的概念最早见于《尚书》，但两种观念的产生，可以追溯到更久远的年代。

阴阳本指事物相互对立的两个方面，如《系辞》有"一阴一阳之谓道"的提法，《道德经》中说："万物负阴而抱阳"，《庄子》则有"阴阳，气之大者也"之说。而《易经》的基本思路就是：阴阳交感而生宇宙万物，宇宙万物是阴阳的对立统一。阴阳家则把事物变化神秘化为阴阳矛盾的作用，即所谓"深观阴阳消息，而作怪迂之变"。

古人认为，宇宙万物就是由这五种基本物质构成的。《尚书·洪范》托名箕子对武王的话解说五行："五行：一曰水，二曰火，三曰木，四曰金，五曰土。"即具有生发，柔和特性者统属于木；具有阳热，上炎特性者统属于火；具有长养，发育特性者统属于土；具有清静，收杀特性者统属于金；具有寒冷，滋润，就下，闭藏特性者统属于水。五行相生相胜，即"木生火、火生土、土生金、金生水、水生木"和"水胜火、火胜金、金胜木、木胜土、土胜水"。五行学说以天人相应为指导思想，以五行为中心，以空间结构的五方，时间结构的五季，人体结构的五脏为基本间架，将自然界的各种事物，按其属性进行归纳，形成了联系人体内外环境的五行结构系统，用以说明人体及人与自然环境的统一性。

3. 邹衍及其思想

邹衍（约公元前 305 年—公元前 240 年），亦作驺衍，战国末期齐国人。邹衍是稷下学宫有名的学者，他知识丰富，"尽言天事"，时称"谈天衍"。司马迁在《史记》中把他列于稷下诸子之首，称"驺衍之术，迂大而宏辨"。邹衍曾活动于齐、赵、魏、燕各诸侯国，颇受当权者的礼遇，特别在燕国，燕王为他筑碣石宫，以师礼待之。邹衍一生著述甚丰，《汉书·艺文志》阴阳家著录《邹子》四十九篇，《邹子终始》五十六篇，惜皆已散佚。

邹衍把阴阳五行说运用于社会发展中，创"五德始终说"，认为整个物质世界是由金、木、水、火、土构成的，历史的发展按照五行相克和五行相生的顺序而循环。每一朝代受五行之一支配，一个朝代的帝王将兴，天必将预先显示支配该朝代兴盛的兆头。朝代的更替是五行之德相胜转移的结果，并且按照一定的次序，前德胜后德，而不是相反的。而这种次序是：水胜火、火胜金、金胜木、木胜土、土胜水。五德循环往复，相代而兴，历史也就如此推演下去。"五德终始"学说，以宗教迷信的神秘色彩宣扬皇权神授，迎合了战国各国君主争相统一中国的欲望。《史记·封禅书》载："邹子之徒，论著终始五德之运，及秦帝，而齐人奏之，故始皇采用之。"《史记·秦始皇本纪》载："始皇推终始五德之传，以为周得火德，秦代周德，从所不胜。方今水德之始，改年始，朝贺皆自十月朔。衣服旄旌节旗皆上黑。数以六为纪，符、法冠皆六寸，而舆六尺，六尺为步，乘六马。更名河曰德水，以为水德之始。"这是依五行的配列，规定政令、服色、符法、冠舆等制度，这是五行学说影响政治的具体表现。

在对宇宙的空间认识方面，邹衍创立了"大九州"说。邹衍认为，儒家所称的中国，只占天下的八十一分之一。中国称赤县神州，赤县神州内有九州，就是《禹贡》中所说的九州。而中国之外如同赤县神州的还有八个州，就是大九州，各有裨海环绕，每州内又各有九州，语言风俗皆不相通。邹衍仅凭臆测推想立说，如《史记·孟子荀卿列传》所说："必先

验小物，推而大之，至于无垠。"这种对世界地理的推论性假说，在当时及后世有扩大人们地理视野的意义。

邹衍学说与儒家有密切的关系。司马迁说他"深观阴阳消息，而作怪迁之变，……然要其归，必止乎仁义节俭，君臣上下六亲之施，始也滥耳。"这些是符合儒家宗旨的。邹衍的学说，对后世"天人合一""天人感应"的天命论，影响深远。到两汉，其学说演变为谶纬之学，专讲五行灾异，图谶符瑞，成为统治者争权夺利，欺骗人民的工具，并为中国两千多年来迷信的渊薮。

（八）纵横家

1. 纵横家概述

纵横家，指春秋战国时期从事合纵或连横外交运动的政治家、外交家及军事家。古代，纵横最初只是表方向的概念，南北向称为"纵"，东西向称为"横"。到战国时期，演变成政治概念，"纵"指"合纵"，即合众弱以攻一强，指战国时齐、楚、燕、韩、

赵、魏等六国联合抗秦的外交策略。"横"指"连横"，即一强连一弱以破获众弱，指以上六国分别与秦国结盟的外交策略。

纵横家的宗师是鬼谷子，其他著名的纵横家有公孙衍、苏秦、张仪、陈轸、楼缓、乐毅、郭隗、邹忌、毛遂、虞卿、甘茂、范雎等人，事皆详于《战国策》。《汉书·艺文志》载，纵横家曾有著作"十二家，百七篇"，今皆已亡佚。纵横家文献今存《鬼谷子》十二篇、《战国策》三十三篇，前者多讲揣摩、捭阖之术，疑为后人假托的伪书；后者则是纵横家谋士的策谋和言论汇编，并非系统反映纵横家思想特征的理论著作。

《汉书·艺文志·诸子略》云："纵横家者流，盖出于行人之官。"从渊源上来说，纵横家还可追溯到周初之"行人"，即代表天子出使诸侯国的特使。春秋时行人多由贵族阶层的卿大夫所担任，或成为固定职务。但战国之纵横家，其中

多是并无贵族身份和世袭官爵的人，而是来源于极为活跃的游士阶层，他们只是凭着自己的言谈，凭自己所讲政治主张、策略取得人主的信用，而被委以重任，如苏秦、张仪、公孙衍等皆如此。

纵横家论行结交，择主而从，以口舌为武器进行外交对抗，并不争于儒、道、墨、法的思想观点之间，而是着重探究把握人心的方法，探究论说的技巧，总结研究游说中如何能达到预期的效果。在当时诸侯割据，王权岌岌可危的时代，他们洞悉游说的关键，扬长避短，对"症"下"说"，采用分化、利用、联合等手段，以达到不战而胜，或以较少的损失获得最大的收益的目的。

在诸子百家中，纵横家可以说是最积极入世的一家。他们极富进取精神，从产生之初就积极干预社会政治生活，参与百家争鸣，活跃于战国舞台，其思想和活动对当时的政治、军事局势产生了重要的影响。汉代刘向在《战国策书录》说："是以苏秦、张仪、公孙衍、陈轸、苏代、苏厉之属，生纵横长短之说，左右倾倒。苏秦为从，张仪为横。横则秦帝，从则楚王，所在国重，所去国轻。"此评可谓中肯。从文化史的角度来看，纵横家的外交政治思想影响深远，直到今天，国人往往用"折冲樽俎"这个成语作为"外交政治"的代词。

2. 纵横家代表人物

（1）鬼谷子

鬼谷子，生卒年不详，姓王名诩，战国时代卫国（今河南鹤壁市淇县）人。常入山采药修道，因隐居鬼谷，故自号鬼谷先生。鬼谷子长于持身养性和纵横术、精通兵法、武术、奇门八卦，为纵横家之鼻祖，杰出军事家，游说理论的奠基者和传播者。而在中国民间传说中，鬼谷子被描绘成能撒豆成兵、呼风唤雨、预知吉凶、妙手回春的神仙。

史载鬼谷子曾任楚国宰相，后归隐卫国授徒，苏秦、张仪、孙膑、庞涓为其弟子。鬼谷子既有政治家的六韬三略，又擅长于谋略家的纵横之术，既有仙家的神秘，隐者的逸气，又有学者的理智，智者的辩术，更兼有阴阳家的祖宗衣钵，预言家的江湖神算，所以世人称鬼谷子是一位奇才、全才。鬼谷子系统总结了战国时代游说之士从事纵横外交、出谋划策的理论、策略和方法，集纵横术（即外交游说学说）之大成，编著写成《鬼谷子》一书，又称《捭阖策》，成为纵横家经典著作。经由苏秦、张仪等用之实践，建功立业，终使鬼谷子纵横学说名显当世。

（2）张仪

张仪（？—公元前310年），战国时著名的纵横家。张仪为魏人，曾随鬼谷子学习纵横之术，于魏惠王时入秦。秦惠文君以为客卿。惠文君十年（公元前328年），秦使张仪、公子华伐魏，魏割上郡（今陕西东部）于秦。当年，张仪为秦相，成为秦国置相后的第一任相国。张仪拜相后，积极为秦国谋划，采用连横术迫使韩、魏太子来秦朝拜，游说魏惠王，不用一兵一卒，使得魏国把上郡15县献给秦国。惠文君于十三年称王，并改次年为更元元年。更元二年，张仪与齐、楚、魏之执政大臣在啮桑相会，随即免相。次年，张仪相于魏，更元八年，又相于秦。十二年，张仪相于楚，诳诈楚怀王，使之与齐绝交，成功后又归秦。十四年，张仪前往楚、韩、齐、赵、燕等国进行游说，使得五国连横事秦。同一年，张仪因功封得五邑，封号为武信君。惠文王卒武王立，武王素与张仪有隙，张仪于武王元年（魏襄王九年，公元前310年）离秦去魏。据《竹书纪年》载，张仪于此年五月卒于魏。

（3）苏秦

苏秦（约公元前337年—公元前284年），字季子，东周洛阳（今洛阳东郊太平庄一带）人，是与张仪齐名的纵横家。在当时，有"天下之大，万民之众，王侯之盛，谋臣之权，皆欲决于苏秦之策"的境况。

苏秦出身农家，素有大志，曾随鬼谷子学习纵横捭阖之术。学成后游说各国，初至秦说惠王，不用。乃结合六国军事政治实力及地理形势，论证六国抗秦的必要性和可能性，策划了六国联合抗秦的"合纵"之计，他先后至燕、赵、韩、魏、齐、楚，游说六国合纵御秦。半年后，苏秦的游说取得了巨大的成功，六国国君在洹水盟会，公推他为"纵约长"，他一人身佩六国相印。后苏秦归居于赵，被赵封为武安君。其后秦使人诳齐、魏伐赵，六国不能合作，合纵瓦解。苏秦入燕转入齐，为齐客卿。与齐大夫争宠，被人杀死。一说他自燕入齐从事反间活动，使燕得以破齐，后反间活动暴露，被齐车裂而死。《汉书·艺文志》著录《苏子》三十一篇，今佚。

3. 纵横家代表著作：《鬼谷子》

《鬼谷子》是对纵横家游说经验的总结和提炼。《鬼谷子》的版本，常见者有道藏本及嘉庆十年江都秦氏刊本。现存《鬼谷子》分为上中下三卷，上卷含《捭阖》、《反应》、《内键》、《抵巇》四篇；中卷含《飞钳》《忤合》《揣篇》《摩篇》《权篇》《谋篇》《决篇》《符言》八篇，另有《转丸》《胠乱》二篇，亡佚已久上中卷共；下卷（又称"外篇"）包括《本经阴符》七篇：《盛神》《养志》《实意》《分威》《散势》《转圆》《损兑》，另有《持枢》《中经》，共九篇。《鬼谷子》一书立论高深幽玄，除饱含谋略机智、论辩技巧之外，还包含有丰富的人生哲学、治国治军之道、修身养性等思想内容，在思想领域独树一帜，堪称一部旷世奇书。

《鬼谷子》一书，为纵横家提供了一套理论和方法，系统总结了游说之术。该书以阴阳学说为其哲学基础，吸收了道家的"道"、"无为"、"反"等观念，进行了大胆的改造。鬼谷子虽然也提倡"无为"，但抛弃了老子"绝圣弃智"之说的无为成分，把道家的"贵柔"原则逐步改造成具有功利主义色彩的"主阴"的原则，即在隐秘之中，强调人为、强调主动、强调"有为"和进取。鬼谷子崇尚权谋，主张君臣上下之间相互都可以运用权术，主张可以择主而事，甚至主张下级可以取代君主。此外，《鬼谷子》涉及到大量的谋略问题，与军事问题触类旁通，也被称为兵书。《鬼谷子》兼取百家而为我所用，不从抽象原则出发，也不把任何一种理论当成至高无上的教条，从而体现出一种彻底的现实主义态度。

（九）农家

1. 农家概述

农家是先秦诸子百家中注重农业生产的学派，农家学派认为农业

是衣食之本，应放在一切工作的首位。他们主张推行耕战政策，鼓励发展农业生产，研究农业生产问题，对农业生产技术和经验也注意记录和总结。农家出自上古管理农业生产的官吏。《汉书·艺文志》中说："农家者流，盖出于农稷之官。播百谷，劝耕桑，以足衣食，故八政一曰食，二曰货。孔子曰'所重民食'，此其所长也。及鄙者为之，以为无所事圣王，欲使君臣并耕，誖上下之序"。

史传农家著作有《神农》二十篇，《野老》十七篇，《宰氏》十七篇，《董安国》十六篇，《尹都尉》十四篇，《赵氏》五篇等等，均已佚。农家没有一部完整的著作保存下来，其思想和活动散见在《管子·地员》《吕氏春秋》《荀子》《孟子》等著述中。农家历史资料虽少，但事实上，中国历史上各个朝代无不重农抑商，以农立国，无疑契合了农家的主张和思想。

2. 农家代表人物：许行

许行，楚国人，无著作留传，生平事迹可见于《孟子》。生卒年不可考，约与孟子同时代。当时随行学生几十人，"皆衣褐，捆屦织席以为食"，比起儒家、墨家来只是个小学派，但颇有影响，儒家门徒陈相、陈辛兄弟二人弃儒学农，投入许行门下。

许行"为神农之言"，提出贤者应"与民并耕而食，饔飧而治"，反对统治者"厉民而以自养"，表现了农家的社会政治理想。许行还提出"市价不二，国中无伪"的价格论，也就是说主张"同等商品卖同等价格"，不允许价格自发波动，不允许商业欺诈，要求做到即使小孩到市上也"莫之或欺"。他还主张"物物等量"，在《孟子·滕文公上》中说："布帛长短同，则贸相若；麻缕丝絮轻重同，则贾相若；五谷多寡同，则贾相若；屦大小同，则贾相若。"大致意思是说："种类、尺码、重量相同的商品售价必须相同。"这个贸易原则没有考虑到商品质量的差别和价格的关系，当然是行不通的。总的来说，许行主张人人平等劳动，自食其力。生产以农业为主，农副业结合，但又存在农业和手工业之

中国文化大事件

间的某些分工，并有农产品与手工业产品之间的商品交换。

3. 农家的思想

战国时期，自耕小农的普遍存在，小农经济成为当时各国的立国基础，诸子无不重视农业。《孟子·梁惠王》认为仁的具体表现就是重视农业生产："五亩之宅，树之以桑，五十者可以衣帛矣。鸡豚狗彘之畜，无失其时，七十者可以食肉矣；百亩之田，勿夺其时，数口之家可以无饥矣"。墨家指出农业生产既可以提供人民衣食，又可以充足国家财用，因此"食不可不务也，地不可不力也，用不可不节也"。战国初期法家李悝在魏国变法，为了富国强兵，实行"尽地力之教"，而商鞅变法，就明确以"耕织"为"本业"而以手工业商业为"末利"，并采取政策措施来奖励"本业"而抑制"末利"。战国末年的农家，和法家同样反对"民舍本而事末"，认为人民务农不仅是为了"地利"，还可以"贵其志"。他们着重指出人民务农对地主政权有三点好处：一是"朴则易用"，就是朴实而易于使用，可以依靠他们守战；二是"重则少私义"，就是稳重而少发表私见，便于使他们守法而努力生产；三是"其产复则重徙"，就是财产累赘而难于迁移，可以使他们死守一处而没有二心（《吕氏春秋·上农篇》）。

农家之学重视农业生产技术。农家注意到土性的分辨、土壤的改造和保养，主张先分辨土性，挑选适宜种植在某种土壤里的农作物来播种，从而适当地改造土壤："力者欲柔，柔者欲力；息者欲劳，劳者欲息；棘者欲肥，肥者欲棘；急者欲缓，缓者欲急；湿者欲燥，燥者欲湿。"（《吕氏春秋·任地篇》）农家强调耕作必须及时，专门分析了六种主要农作物——禾（稷）、黍、稻、麻、菽（豆）、麦耕作"得时"、"先时"、"后时"三种情况，从其生长、收获、品味三个方面加以比较，用来说明掌握耕作时节的重要性。农家还开始把农业科学知识系统化和理论化。他们说："上田弃亩，下田弃亩。五耕五耨，必审以尽。其深殖之度，阴土必得，大草不生，又无螟蜮。"创造了畎种法，重视深耕，认识到通过深耕可以收到消灭杂草和病虫害的效果。

（十）杂家

1.杂家概述

杂家是中国战国末至汉初的哲学学派，以博采各家之说见长，以"兼儒墨，合名法"、"于百家之道无不贯通"而得名。《汉书·艺文志》将其列为"九流"之一。杂家以秦相吕不韦和汉淮南王刘安为代表，而著作以其招集门客所集《吕氏春秋》《淮南子》为代表，对诸子百家兼收并蓄，略显庞杂。

《汉书·艺文志》上说："杂家者流，盖出于议官。兼儒、墨，合名、法，知国体之有此，见王治之无不贯，此其所长也。及荡者为之，则漫羡而无所归心。"到战国末期，统一已成为大势所趋，学术文化也呈融合的趋势，把各派思想融合为一的杂家就产生了。可以说，杂家的出现，既是统一的封建国家建立过程中思想文化融合的结果，又是诸子百家的相互影响与趋向融合的结果。

《淮南子·氾论训》说："百川异源，而皆归于海；百家殊业，而皆务于治。"杂家虽只是集合众说，兼收并蓄，然而通过采集各家言论，贯彻其政治意图和学术主张，所以也可称为一家。据《汉书·艺文志》著录杂家言二十家四百三篇，有《盘盂》二十六篇、《大禹》三十七篇、《五子胥》八篇、《子晚子》三十五篇、《由余》三篇、《尉缭》二十九篇、《尸子》二十篇、《吕氏春秋》二十六篇、《淮南内》二十一篇、《淮南外》三十三篇，等等。但绝大部分已散失，现在仅存《吕氏春秋》《淮南子》《尸子》（原书已失，今存仅为后人辑本）三书。

2.杂家代表人物

（1）吕不韦

吕不韦（？—公元前235年），卫国濮阳（今河南濮阳滑县）人，战国末年著名商人、政治家、思想家，后为秦国大臣。吕不韦是阳翟（今河南省禹州市）的大商人，故里在城南大吕街，他往来各地，以"贩贱卖贵"而"家累千金"。他以"奇货可居"闻名于世，在赵都邯郸见入质于赵的秦公子嬴异人，决定帮助嬴异人返回秦国，又将赵姬送给嬴异人，生下一子嬴政，并资助嬴异人千金，助其返秦。又以五百金购珍宝，献与秦太子安国君宠姬华阳夫人，华阳夫人遂劝安国君立异人为嗣，改名子楚。公元前251年，秦昭襄王嬴稷薨，安国君继位，为秦孝文王，立一年而卒，储君嬴子楚继位，即秦庄襄王，任吕不韦为丞相，封为文信侯，食河南洛阳10万户。庄襄王卒，年幼的太子政立为王，尊吕不韦为相国，号称"仲父"。吕不韦当权之后，继续进行兼并六国的战争，取得了不少三晋土地，建立了三川郡、太原郡和东郡，对秦王政兼并六国的事业有重大贡献。吕不韦生前"招致天下游士"，有食客三千人，使其门客个个著其所闻，综合百家九流之说，畅论天地万物古今之事，最后汇编成书，名曰《吕氏春秋》。后吕不韦因叛乱事受牵连，被免除相国职务，出居河南封地。不久，秦王政复命其举家迁蜀，吕不韦不能自安，饮鸩自杀。

（2）刘安

刘安（公元前179年—公元前122年），汉高祖刘邦之孙，淮南厉王刘长之子，西汉思想家、文学家。文帝八年（公元前172年），刘长被废王位，在旅途中绝食而死。文帝十六年（公元前164年），文帝把原来的淮南国一分为三封给刘安兄弟三人，刘安以长子身份袭封为淮南王，时年16岁。刘安爱贤若渴，礼贤下士，淮南国都寿春成了文人荟萃的文化中心，"招致宾客方术之士数千人"，集体编写了《淮南子》一书。刘安才思敏捷，好读书，善文辞，乐于鼓琴，汉武帝非常欣赏刘安的才情，曾专门召他来长安撰写《离骚传》。

刘安尤其热衷于道家黄老之术，曾召集道士、儒士、郎中以及江湖方术之士炼丹制药，最著名的有苏非、李尚、田由、雷被、伍被、晋昌、毛被、左吴，号称"八公"，在寿春北山筑炉炼丹，偶成豆腐。刘安因之被尊为豆腐鼻祖，八公山也因此而得名。在政治上，刘安不推行"罢黜百家、独尊儒术"的统治思想，主张"无为而治"，制定了一系列轻刑薄赋、鼓励生产的政策，善用人才，体恤百姓，使淮南国出现了国泰民安的景象。刘安在广置门客进行学术研讨的同时，也在不断地积蓄力量，为有朝一日的谋反做着准备，后其谋反之事被门客雷被状告，以及门客伍被、孙子刘建的告密，汉武帝元狩年（公元前122年），武帝以刘安"阴结宾客，拊循百姓，为叛逆事"等罪名派兵入淮南，从刘安家中搜出了准备用于谋反的攻战器械，和用来行诈而伪造的玉玺金印，刘安被迫自杀。

3. 杂家代表著作

(1) 《吕氏春秋》

《吕氏春秋》又称《吕览》，是战国末期秦相吕不韦集合门客所编写的杂家著作，书中尊崇道家，肯定老子顺应客观规律的思想，同时，融合儒、墨、法、兵众家长处，形成了包括政治、经济、哲学、道德、军事各方面的理论体系。

《史记·十二诸侯年表》说："吕不韦者，秦庄襄王相，亦上观尚古，删拾《春秋》，集六国时事，以为八览、六论、十二纪，为《吕氏春秋》"。今存本《吕氏春秋》的目次为：十二纪、八览、六论，共二十六篇，每篇各有子目，合计子目一共百六十篇。吕不韦以为此书备天地万物古今之事，号曰《吕氏春秋》，编成以后，吕不韦将它公布于国都咸阳城门，声称有能增损一字者，赏给千金，以示此书之重。

《吕氏春秋》以黄老思想为中心，"兼儒墨，合名法"，提倡在君主集权下实行无为而治，顺其自然，无为而无不为。《吕氏春秋》确是"兼""合"诸子百家各派学说编集而成的一部著作。《不二》说："夫齐万不同，愚智工拙皆尽力竭能，如出乎一穴。"《用众》说："物固莫不有长，莫不有短，人亦然。故善学者，假人之长以补其短。"《吕氏春秋》在政治思想上因袭儒家，反对家天下，讴歌禅让。《执一》说："为国之本在于为身。身为而家为，家为而国为，国为而天下为。故曰：以身为家，以家为国，以国为天下。"而其主张统一，又出于法家思想，《执一》说："军必有将，所以一之也；国必有君，所以一之

中国文化大事件

也；天下必有天子，所以一之也；天子必执一，所以专之也。一则治，两则乱。"《吕氏春秋》对于阴阳家的《月令》很重视，把"月令"作为十二纪的架构。《吕氏春秋》还较倚重于道家。《吕氏春秋·序意》"法天地"的思想，"天曰顺，顺维生；地曰固，固维宁；人曰信，信维圣；三者咸当，无为而行"的思想，以及"行其数，循其理，平其私"，以达到崇"公"的思想，都是黄老道德思想。可以说《吕氏春秋》汇集了先秦各派学说，为当时秦国统一天下、治理国家提供了思想理论。

此外，《吕氏春秋》还保存了很多的旧说传闻，在理论上和史料上都有很高的参考价值，特别是保存了不少有关农业技术的记载，是宝贵的文献。

（2）《淮南子》

《淮南子》又称《淮南鸿烈》，是淮南王刘安及其门客苏非、李尚等编著的杂家著作。《汉书·艺文志》记载其分内二十一篇，外三十三篇，内篇论道，外篇杂说。现今所存的有二十一篇，大概都是原说的内篇所遗。全书以道家思想为主轴，内容包罗万象，涉及到政治学、哲学、伦理学、史学、文学、经济学、物理、化学、天文、地理、农业水利、医学养生等多个领域，包罗万象。

《淮南子》吸取了《老子》《庄子》，特别是《黄老帛书》的思想，糅和儒、法、阴阳等多家思想。《淮南子》汲取道家思想营养的比重较大。《天文训》说："道始于虚霩"、"道始于一，一而不生，故分而阴阳，阴阳合和而万物生，故曰：一生二，二生三，三生万物"，对"道"、"天人"、"形神"等问题提出了独特见解。《淮南子》继承并发挥了先秦儒家"仁者爱人"、以民为本的思想，提出"国之所以存者，仁义是也"；"治国有常，而利民为本。"《淮南子》还提出社会生活是变迁的，法令制度也应当随时代变迁而更改，即令是"先王之制，不宜则废之"这显然是先秦法家的观点。《淮南子》在论述明理时，还旁涉奇物异类、鬼神灵怪，保存了如"女娲补天"、"后羿射日"、"共工怒触不周山"、"精卫填海"、"嫦娥奔月"、"大禹治水"等古代神话。

四、百家争鸣的影响

百家争鸣虽然处于战乱频仍、兵荒马乱的时代，但正是这个时代造就了中国历史上影响最为深远的思想和学术派别。著名史学家吕思勉说："先秦诸子之学，非至晚周之世，乃突焉兴起者也。其在前此，旁薄郁积，蓄之者既已久矣。至此又遭遇时势，乃如水焉，众派争流；如卉焉，奇花怒放耳。积之久，

泄之烈者，其力必伟，而影响于人必深。"（《先秦学术概论》）春秋战国时期的百家争鸣，在我国思想史上占有崇高的地位，它上承夏、商、周三代学术，下开秦、汉、六朝、隋、唐、宋、元、明、清等两千多年的思想先河，形成了中国的传统文化体系，奠定了中国后世两千多年精神文明的基础，对中国文化甚至东方文化有着非常深刻的影响。儒家、墨家、道家、法家、纵横家、阴阳家、兵家、农家等学派的思想，思想内容极为丰富，已包含着以后各个历史时期各种文化思想的胚胎和萌芽，无一不对后代产生着影响。

作为中国历史上第一座文化高峰，百家争鸣时期的思想为后续中国提供了政治的、经济的、法律的、权谋的、军事的、技艺的思想范式、制度模式，对后世中国人的心理、观念、习惯、行为方式产生了巨大影响，塑造了中华民族的文化与品格。儒家思想孕育了我国传统文化中的政治理想和道德准则，成为在中国具有普遍和长久影响力的学说。后来到了汉武帝，采取"罢黜百家、独尊儒术"的政策，使儒家思想成为正统，影响了中国两千多年。其后，儒家学说又不断被改造，出现了宋明理学、陆王心学、乾嘉朴学等，这些都对中国人的心理、观念、习惯、行为方式产生了较大影响。道家学说构成了两千多年传统思想的哲学基础，对后世中国人的处世之道和养生之道的影响更是不可估量。墨家的"兼爱"思想，要求人们平等互爱，也互相援助；"尚贤"思想，重视

人才选拔；"节俭"思想，至今仍有借鉴意义。兵家以其实用性为历代兵家推崇，影响了中国两千五百多年，所揭示的许多带有规律性的原则，诸如"知彼知己，百战不殆""知天知地，胜乃可全"，"居安思危"，"有备无患"，"先计后战"，"远交近攻"，"攻其无备、出其不意"，"避实击虚"，"以众击寡"，"兵贵胜、不贵久"，"兵贵神速"，等等，是至今仍必须遵守的。法家主张积极进取、锐意改革，其变革精神成为历代进步思想家、政治家改革图治的理论武器。名家则开创了中国哲学史上逻辑学领域的先河。各家观点不同，主张各异，但却殊途同归，共同构造了中华民族传统文化的基本精神。

百家争鸣时期诸子对天地万物、对社会、对人生的各种思考和认识，展示了中华民族的无穷智慧，影响一代又一代的中国人。在国学复兴和弘扬中华文化、建设中华民族共有精神家园的当下，诸子思想无不闪耀着灿烂的光辉。

焚书坑儒

千百年来，各代学者对秦始皇焚书坑儒事件议论纷纷，各执一词，对秦始皇焚书坑儒一事从不同角度进行论述，观点也不同。不同学者手中掌握的材料，有的重复，有的有出入，有的截然相反，但都言之有据，值得重视。

一、焚书坑儒的前前后后

秦始皇于秦昭襄王四十八年（前259年）生于赵国都城邯郸（今河北省邯郸市），嬴姓，名政。因生于赵国，又名赵政。

秦庄襄王三年（前247年），秦始皇13岁时，其父秦庄襄王去世，秦始皇即位，以第二年为秦王政元年，历史上也称秦始皇元年。

秦始皇九年（前238年），秦始皇22岁，在秦国故都雍城举行了成年加冕仪式，开始亲政。

自秦始皇十七年（前230年）至秦始皇二十六年（前221年），秦始皇派秦军先后攻灭韩、赵、魏、燕、楚、齐六国，完成了统一中国的大业，建立起一个统一的中央集权的强国——秦朝。

秦始皇对中国和世界的历史均产生了深远而重大的影响，被明代思想家李贽誉为"千古一帝"。

统一六国后，秦始皇进行了一系列的改革：自称始皇帝；废除分封制，分天下为三十六郡；统一度量衡；统一车轨；统一文字。此外，又派蒙恬率三十万大军北击匈奴，修建了万里长城；还派五十万秦军平了南越，置南海、桂林、象郡等三郡。

秦始皇三十四年（前213年），秦始皇置酒咸阳宫，大宴群臣。七十位博士上前献酒祝寿。仆射周青臣走上前去颂扬说："从前秦国土地不过千里，仰仗陛下神灵明圣，平定天下，驱逐蛮夷，凡是日月所照耀到的地方没有不臣服的。陛下把诸侯国改为郡县，人人安居乐业，不必再担心战争，功业可以传于万代。陛下的威德，自古及今无人能比。"秦始皇听了这些颂词，心里十分高兴。不料博士齐人淳于越上前说："臣听说殷朝、周朝统治天下长达一千多年，他们分封子弟功臣辅佐自己。如今陛下拥有天下，而陛下的子弟却是平民百姓，一旦出现齐国田常、晋国六卿之类谋杀君主的臣子，没有辅佐，靠谁救援呢？凡事不师法古人而能长久的，还未听说过。刚才周青臣当面阿谀，以致加重陛下的过失，这不是忠臣。"秦始皇把他们的意见下交群臣讨论，丞相李斯说："五帝的制度不是一代重复一代，夏、商、周的制度也不是一代因袭一代，可都凭着各自的制度将天下治理好了，这并不是他们故意要彼此相反，而是因为时代变了，情况不同了。现在陛下开创大业，立万世不朽之功，这本来就不是腐儒所能理解的。况且淳于越所说的是夏、商、周三代的事，哪里值得效法呢？从前诸侯纷争，大量招揽游说之士。现在天下平定，法令出自陛下一人，百姓在家就应该致力于农工生产，读书人就应该学习法令刑律。现在，儒生不学习今天的治国之道，却要效法古人，以此来诽谤当世，惑乱民心。丞相李斯冒死罪进言：古代天下散乱，没有人能够统一，所以诸侯并起，说话总是称引古人，为害当今，矫饰虚言，扰乱名实，只欣赏自己私下所学的知识，指责朝廷所立的制度。当今皇帝已统一天下，分辨是非黑白，一切决定于皇帝一人。可是，私学却非议法令，教人一听说朝廷有命令下达，就根据自己所学的粗陋知识加以议论。有些大臣入朝时在心里指责，出朝后则去街巷谈议，在君主面前夸耀自己，求取名利，追求异说，抬高自己，在民众中带头制造谤言。对这些如不禁

止，则君主的威势就会降低，朋党的势力就会形成。臣以为禁止这些是合理的。臣请陛下让史官把不是秦国的典籍全部焚毁。除博士官署所掌管的之外，天下凡收藏《诗》、《书》、诸子百家著作的，全都送到地方官那里一起烧掉。有敢在一块儿谈议《诗》、《书》的处以死刑示众，借古非今的满门抄斩。官吏如果知道而不举报，以同罪论处。命令下达三十天仍不烧书的，处以黥刑，发配边疆四年，白天防寇，夜晚筑城。不取缔医药、占卜、种植之类的书。如果有人想要学习法令，就以官吏为师。"秦始皇听后，下诏说："可以。"

　　秦始皇批准了李斯的建议。第二天，全国焚书。结果，藏在民间的秦代以前的古典文献都化

为灰烬，留下来的只有皇家藏书阁的一套藏书。

在焚书的第二年，又发生了坑儒事件。坑儒不是焚书的继续，而是因方士诽谤秦始皇引起的。

秦始皇统一六国后，一心想把天下治理好，每天只睡两三个小时。他知道

普天之下，莫非王土；率土之滨，莫非王臣。做为一国之君，他有责任经营天下，让天下达到大治。但要达到天下大治，绝非易事，必须假以时日。因此，他想长寿，想找长生不死药。方士侯生、卢生等人迎合秦始皇的愿望，答应为他找到这种药。

秦始皇三十五年（前212年），一天，秦始皇驾幸梁山宫。正当他登上山顶，把酒临风，心旷神怡时，偶一抬头发现丞相李斯随行车骑甚众，不禁皱了皱眉。这一细微的动作被随侍在侧的一个宦官看在眼里。这个宦官与李斯是好友，便把秦始皇不满丞相车骑过多这事泄露给了李斯。

几天后，此事为秦始皇所知，顿时勃然大怒，把当时随侍在侧的宦官全杀了。

这样一来，搞得人人自危。侯生、卢生闻知此事，顿时吓破了胆。原来，按照秦律，方士所言如果不能兑现，或者所献之药无效，是要处以极刑的。侯生、卢生自知弄不到长生不死药，怕像秦始皇身边的宦官一样被杀，便决定逃跑。逃跑之前，他俩到处诽谤秦始皇："始皇帝这个人天性乖张，刚愎自用。自以为起于诸侯，兼并了天下，古往今来无人能及，因此专门任用狱吏，而那些博士官虽有七十人之多，只不过摆摆样子而已。皇上专爱用刑罚施威，而丞相与文武大臣只知墨守成规，使人无法尽忠。朝廷虽有三百多位占星家，但都是贪生怕死之辈，只知阿谀奉承，不敢直言皇上之过。而皇上恃才傲物，贪于权势，这样的人怎能帮他找仙药呢？"

秦始皇听说侯生和卢生逃跑了，大怒道："我对他们不薄，赏赐甚厚，而他们居然在背后诽谤我。听说咸阳的儒生中也有人妖言惑众，惑乱百姓的思

想。"

于是，秦始皇下令逮捕了一些诽谤他的读书人。这些人在严刑拷打之下，互相乱咬，共咬出了四百六十多个诽谤过秦始皇的儒生。秦始皇查实之后，将这四百六十多个儒生都活埋了。这就是发生于秦始皇三十五年（前212年）的"坑儒"事件。

一说：秦始皇将文字统一为大篆和隶书后，天下儒生大多不满。秦始皇怕天下不从，便召儒生到咸阳，共召到七百余人，全拜为郎官。

接着，秦始皇密令亲信在骊山硼谷的暖坡上种瓜。瓜熟时正值冬天，秦始皇暗中派人上奏说："陛下，现在正是冬天，骊山竟长出瓜来了！"秦始皇佯装大吃一惊，急令儒生前去察看。儒生到了谷中，正在辩论不已时，忽然头上土石俱下，皆被活埋。

东汉初年，卫宏在《诏定古文尚书序》中载有此事。

因此，骊山硼谷后来又称"坑儒谷"，汉代称"愍儒乡"。

据专家考证，坑儒谷在今陕西省临潼西南五里处，是一个狭长幽深的山谷，与上述史实相符。

《史记》记载的秦始皇咸阳坑儒与卫宏所记载的秦始皇骊山坑儒在地点、人数、方式上都不同。因此，专家认为秦始皇坑儒至少有两次。

焚书坑儒

二、焚书坑儒的不良后果

（一）百花凋零，百家齐喑

秦始皇焚书坑儒破坏了战国以来百花齐放、百家争鸣的盛况，结束了战国时期学术自由、文化昌盛的大好局面。

"诸子百家"的"子"是对学者和老师的尊称，如春秋战国时期儒家的孔

子、孟子、荀子，墨家的墨子，道家的老子、庄子，名家的公孙龙子，法家的韩非子等。

"百家"指不同学派，来自不同的学术渊源。

所谓百家，并非真有一百家，只是极言其多之意。司马迁的父亲司马谈认为百家主要有阴阳、儒、墨、名、法、道德等六家；刘歆、班固则认为有儒、道、名、墨、法、阴阳、纵横、杂、农、

小说等十家。

诸子百家之学"出于王官"，即出于周王之官，也就是出于官府。据《汉书·艺文志》所载，儒家出于司徒之官，即掌户籍和授田的官；道家出于史官，即掌记录史事和保管档案的官；名家出于礼官，即掌礼仪的官；墨家出于清庙之官，即掌宗庙的官；法家出于理官，即掌刑狱的官；阴阳家出于羲和之官，即掌观象授时的官；纵横家出于行人，即掌持节出使的官；杂家出于议官，即掌谏议的官；农家出于农官，即掌农事的官；小说家出于稗官，即反映街谈巷议的小官。

在孔子之前，学在官府，即各种知识都掌握在官府手中，教育只在贵族中进行，各项专门知识只在官府内部传授。

孔子时代，天下大乱，礼坏乐崩，周王之官纷纷逃散。如《论语》就曾记

载周王室的乐官集体大逃亡的事：太师挚逃到了齐国，亚饭干逃到楚国，三饭缭逃到蔡国，四饭缺逃到秦国，打鼓的方叔逃到黄河之滨，摇小鼓的武逃到汉水之涯，少师阳和击磬的襄则一直逃亡到海边。

身为没落贵族，受过良好礼乐教育的孔子对西周盛世一往情深，总想恢复西周的礼乐。于是，他为实现其政治理想而四处奔走，积极参政，但严酷的现实使孔子的政治抱负得不到施展。

为了理想中的礼乐社会的再现，孔子大胆地打破陈规，毅然开创私学，培养愿意学习的人，从而开启民智，使更多的人致力于实现他理想中的社会。

孔子办私学，开创了传播知识、普及教育、学术自由的新时代。

孔子办学后，王官之学的传人也纷纷办学授徒。于是，儒家、道家、墨家、法家、名家等诸子百家便出现了。

儒生的前身本是官府中的官，孔子办私学后，才有了儒家。孔子传授学生各种知识，尤其重视品德教育。孔子整理古籍，用作教材，如《诗》、《书》、《礼》、《乐》、《易》、《春秋》等。

孔子的私学教育使传统的知识得以摆脱官府垄断，走向整个社会，成为公众的文化。

孔子提倡克己复礼，即克制自己，仁爱他人，恢复周公制定的周礼。周礼是西周君主等级制社会的传统秩序和体制，是君主和臣民共同遵守的原则。孔子认为只有恢复西周礼治才是"礼坏乐崩"社会的出路，才能结束天下大乱的局面。

仁是孔子用来规范人与人之间相互关系的原则,孔子提倡"仁者爱人":一方面,"己欲立而立人,己欲达而达人";另一方面,"己所不欲,勿施于人"。

只要君主臣民以仁治国,以仁待人,就能恢复西周礼治盛世。这是儒家的基本思想。

儒家思想在孔子以后有了很大的发展,孟子是战国中期的儒学大师。孟子主张性善,认为人生来就有仁、义、礼、智四种品德,每个人都要通过内省去保持和发扬它,不然就会丧失。孟子的思想代表了儒家向内反省、探究心性的努力。义是孟子在利欲横流、纷争激烈的社会环境中提出的重要思想概念。孟子讲大义凛然,提倡浩然正气,对于中国知识分子置生死于度外,坚守节操的牺牲精神有很大的影响。孟子提倡仁政,认为"民为贵,社稷次之,君为轻"。记录孟子言行的《孟子》极为有名,北宋以后成为儒家的"十三经"之一,孟子也成为仅次于孔子的儒家"亚圣"。

荀子是先秦又一位儒家大师,主张性恶。他认为天没有意志,并不能影响人的吉凶祸福。荀子还提出了"制天命而用之"的人定胜天的思想。荀子认为学习《诗》、《书》的目的在于"隆礼",治国的根本在于礼义教化。但他也主张王霸并用,即礼和法并重。荀子的思想对主张以"严刑峻法"治国的法家影响很大。

道家思想同样对中国文化产生了深远影响,其开创者是老子。

老子是楚国苦县厉乡曲仁里(今河南省鹿邑县太清宫镇)人,曾作过周朝守藏室的官员,是我国古代伟大的哲学家和思想家,被道教尊为教祖。老子主张"无为",即放弃妄为,不违道而行。《老子》以"道"解释宇宙万物的演变,"道"为客观自然规律,同时又具有"独立不改,周行而不殆"的永恒功能。《老子》书中包括大量朴素辩证法观点,如认为一切事物均有正反两面。他说,"反者道之动",指的是对立转化;"祸兮福之所倚,福兮祸之所伏",也是指对立转化。老子认为世间万物均为"有"与"无"之统一,即"天下万物生于有,有生于无"。

老子悲天悯人，同情百姓。他说，"天之道，损有余而补不足；人之道则不然，损不足以奉有余"；"民之饥，以其上食税之多"；"民之轻死，以其上求生之厚"；"民不畏死，奈何以死惧之"。

老子提倡以柔克刚，功成不居，不争胜等生活策略，充满了政治智慧。在政治上，老子反对法治、礼治和战争，反对大国兼并天下，主张鸡犬之声相闻，老死不相往来的小国寡民的恬淡安定生活。

老子是一位智者，他的学说对中国哲学发展具有深刻的影响。

庄子是道家学派的代表人物，是老子哲学思想的继承者和发展者。庄子的学说涵盖了当时社会生活的各个方面，后世将老子与庄子并称"老庄"，称他们的哲学为"老庄哲学"。

庄子与梁惠王、齐宣王为同一时代的人，比孟子年龄略小，曾做过蒙邑的漆园小吏，生活贫困，却不接受楚威王的重金聘请，一生淡泊名利，修身养性，是一位廉洁、正直的人。

在战国天下大乱时期，庄子愤世嫉俗，内心深处充满了对世态的悲愤与绝望。

庄子主张宇宙中的万事万物都是平等的，人要融入万物之中，从而与宇宙相终始。他劝导人们顺从自然的法则，重视内在德性的修养。他说，德性充足后，生命自然会充满一种精神力量。

庄子能在乱世中保持独立的人格，讴歌逍遥无恃的精神自由。

庄子在中国文学史和思想史上贡献巨大，唐玄宗开元二十五年（737年），庄子被朝廷封为"南华真人"。他的巨著《庄子》被称为《南华真经》，具有浓厚的浪漫色彩，对后世文学有极大的影响，被视为中国古典文学中的瑰宝。

墨家主要由教师、工匠和士兵等从业人员组成，掌握并重视实用技术。

墨家创始人墨子名翟，出身贫寒，生活俭朴。墨翟的学生和信奉者都是一些苦行者，他们吃藜藿之羹，穿裋褐之衣，形成了一个有严密组织的集团，奉其最高领袖为钜子，听从钜子的一切指挥，并有严厉的内部法令。墨家提倡"非攻"，常常帮助弱小国抵御侵略，赴汤蹈火，死不旋踵。

墨家政治上主张尚贤，即选拔贤人管理政治；主张尚同，即统一"法仪"；还主张兼爱，即兼相爱，交相利。在文化上，墨家讲节用、节葬、非乐，建立人人出力的平等社会。在思想上，墨家有浓厚的宗教倾向，主张顺从"天志"，信奉鬼神，但反对"天命"。后期墨家重视对物质世界的认知，形成了朴素的自然观和理性的认识论。

法家主张法治，讲究耕战，致力于提高军事实力和行政效率，强化统治，以求对敌国战争的胜利。这种强权思想对各国争雄很实用，因此法家成为战国诸子中重要的一家。

商鞅是法家的代表人物，因与卫公同族，也称公孙鞅。他"少好刑名之学"，提出了"治"、"富"、"强"、"王"的治国目标，受到秦孝公的重用，主持变法。变法使秦国迅速强大起来，其主要内容有重刑定罪，奖励军功，重农抑商，开阡陌封疆，普及县制，迁都咸阳，按户征收军赋，禁止父子兄弟同室居住等。

法家到了韩非子时，有了更大的发展。韩非子对法家的法、术、势三派取长补短，综合运用。他主张加强君主集权，剪除私门势力，厉行赏罚，奖励耕战，谋求国家富强；文化上则主张以法为教，以吏为师，禁止私学。

法家的理论和实践使秦国终于吞并六国，并成为专制主义中央集权国家。主张严刑峻法的法家对中国影响极大，汉朝"儒外法内"即儒家和法家学说并用而倚重法家。

除了儒、道、墨、法几家之外，名家重视名实之辩，代表人物有提出"白马非马"论题的公孙龙子，有常与庄子论辩的惠施等。

纵横家出于行人之官，实际是战国时期战争外交的产物，苏秦、张仪等合纵连衡，在列国纷争的局势下，推行自己的外交策略，备受重用。

春秋战国时期战争不断，涌现了许多经验丰富的军事家，有的军事家有兵书传世。春秋末期齐国孙武的《孙子兵法》是现存最早的军事理论著作，举世闻名，堪称经典。孙武将"令民与上同意"的"道"作为战争胜败的决定因素，提出"知己知彼，百战不殆"、"致人而不致于人"、"我专而敌分"、"因敌而制胜"等军事思想。其后人孙膑所著《孙膑兵法》在《孙子兵法》的基础上进一步归纳战争经验，提出了新的作战指导思想和统兵原则。此外，《尉缭子》、《六韬》等也是重要的兵书著作。

阴阳家是战国时期的重要学派之一，因提倡阴阳五行学说，并用它解释自然社会和人类社会而得名。这一学派源于上古执掌天文历数的统治阶层，也称阴阳五行学派或阴阳五行家。

农家是先秦时期在经济生活中注重农业生产的学派。

农家代表人物许行，楚国人，与孟子同时代。他有随行学生几十人，颇有影响，如儒家门徒陈相、陈辛兄弟二人就弃儒学农，投到许行门下了。他们生活极为简朴，穿着普通的粗布衣服，靠打草鞋、编席子为生，主张人人平等劳动。

农家学派主张推行耕战政策，奖励发展农业生产，研究农业生产问题。农家对农业生产经验和技术的总结与其朴素的辩证法思想见于《管子·地员》、《吕氏春秋》和《荀子》。

由稷下学者集体编撰的《管子》一书包括各家的思想学说，学者认为其中《地员》篇就是农家的著作，而《牧民》、《权修》、《五辅》、《八观》等篇则重点记述了农家的思想主张。

由于当时的平民绝大多数都从事农耕，所以"重农"就是"重民"，重农倾向必然会发展为民本思想。《管子》中有关农家的内容着重体现了农家的民本主义思想，是农家思想中最重要的一环。

农家主张"顺民心，忠爱民"。农家认为民心是不可违背的，"顺民心"是一切统治的基础，贤明的统治者能够顺应民心，以民心向背作为自己行为的指针。《管子·牧民篇》

焚书坑儒

59

说："政之所兴，在顺民心；政之所废，在逆民心。"农家通过"民心"这个概念感觉到了历史发展的必然趋势，比儒家的民本主义思想还要进一步。

"忠爱民"是统治天下的基本方式，农家看到从事耕种的农民十分辛苦，因而要求统治者体恤百姓之苦，不可巧取豪夺。《管子·权修篇》主张"取于民有度，用之有止"，要求统治者约束自己的行为，不能对百姓剥削太重，要减轻赋税，轻徭薄役；要注意节约，不能穷奢极欲。农家在这里已经改变了许行提出的人人平等劳动的主张，这样的改变更容易为统治者所接受。

农家还主张"修饥馑，救灾荒"。农家将水灾、旱灾、风雾雪霜、疾病、虫灾合称为"五害"，说"五害"是危害百姓生活和生产的重大灾害。因此，一个贤明的统治者要想巩固自己的统治，当务之急在于扫除"五害"。只有解决了这些灾害问题，解除了百姓的痛苦，百姓才会服从统治。水灾是最危险的自然灾害，尤应引起统治者的重视。灾害意识是农家民本主义的重要构成部分。

杂家本是战国时期百家争鸣中的一家，其内容很多与方术有关。杂家"兼儒墨、合名法"，博采各家之长，"于百家之道无不贯通"。杂家的出现是统一的封建国家建立过程中思想文化融合的结果，以秦代《吕氏春秋》为代表，对诸子百家兼收并蓄。因杂家著作含有道家思想，所以有的学者认为杂家实际上是新道家学派。

小说家是先秦记录民间故事的学派，是诸子百家中的一家。小说家出于记录民间街谈巷语并呈报上级的稗官。小说家反映了古代平民思想的侧面，是其他学派无法代替的。孔子曾说："虽小道，必有可观者焉。"小说家著作有《伊尹说》二十七篇，《鬻子说》十九篇，《周考》七十六篇，《青史子》五十七篇等。

近些年来，陆续出土了不少以竹简或丝帛为载体的日书、式法、五星占、养生方、病方、脉经、胎产书、导引图、美食方等，这些均属百家之列。

诸子百家之学出自周王属下的百官，也就是王官。自从孔子办学后，王官之学才流传到民间，形成了诸子百家。不久，便进入了百家争鸣的历史时期，促进了中国古代学术的融合和发展。

春秋战国时期，各诸侯国的革新变法始于齐桓公、管仲，直到秦始皇统一天下从未停过。齐桓公鼓励士人畅所欲言，开创了百家争鸣的大好局面。

战国时期，齐桓公田午开设稷下学宫，齐威王、宣王礼贤下士，包容百家，言论学术充分自由，齐国因此步入鼎盛时期。

稷下学宫又称稷下之学，是战国时期的官办高等学府。

"稷"是齐国国都临淄城（今山东省淄博市）一座城门的名称。"稷下"指齐都临淄城的稷门附近。稷下学宫位于稷门附近，故称稷下学宫，是战国时期百家争鸣之地。

稷下学宫是世界上第一所由官方举办、私家主持的特殊形式的高等学府。中国学术思想史上这场"百家争鸣"是以齐国稷下学宫为中心的。它促成了学术自由、百家争鸣局面的形成。

稷下学宫容纳了当时"诸子百家"中的各个学派，其中主要的有道、儒、法、名、兵、农、阴阳、纵横诸家。

稷下学宫汇集了天下贤士多达千人左右，其中著名的学者如孟子、淳于髡、邹衍、田骈、慎到、申不害、季真、环渊、彭蒙、尹文、田巴、鲁仲连、邹奭、荀子等。尤其是荀子，曾三次担任学宫的"祭酒"，即学宫最高长官。

当时，凡到稷下学宫的文人学者，齐王一视同仁，不问其学术派别、思想观点、政治倾向以及国别、年龄、资历等，谁都可以自由发表学术见解，从而使稷下学宫成为当时各学派荟萃的中心。这些学者互相争辩、诘难，取长补短，做到了真正的

焚书坑儒

"百家争鸣"。

齐王采取了十分优礼的态度，封不少著名学者为"上大夫"，并"受上大夫之禄"，即拥有相应的爵位和俸养，允许他们"不治而议论"，"不任职而论国事"。因此，稷下学宫具有学术和政治的双重性质，既是一个官办的学术机构，又是一个官办的政治顾问团体。

稷下学宫的学术博大精深，包含了当时各家各派的思想。就儒学而言，曾在稷下学宫中有影响的儒家学者有孟子和荀子。孟子关于"养浩然之气"的思想，学者认为是接受了稷下先生宋钘、尹文"气论"的影响。至于荀子，则是稷下学宫的最后一个大师，他立足儒家，对稷下学术进行了全面的批判总结，从人性论、认识论、政治理论、天人关系等诸方面对稷下学术进行了吸取和修正，从而将诸子学术推向高潮，成为战国诸子学的真正总结者，其中对后世最有影响的就是荀子的"礼法结合"的政治思想。

战国时期百家争鸣的局面非常有利于各家学说的发展，是我国古代学术发展的黄金时代。

秦始皇在民间焚《诗》、《书》、百家语，而博士职掌的书籍是被保留的。这实质上就是禁止私学，彻底结束了百花齐放、百家争鸣的大好局面。

秦始皇将法家以外的诸子百家统统禁锢，独尊法术、废黜百家的做法阻碍了思想文化的进步，推迟了社会的发展。

（二）焚书坑儒导致历史断代

秦始皇焚书时，把各国的史书全烧了，大大增加了司马迁写《史记》的难度。司马迁为六国史书未能传于后世而痛心不已，他在《史记·六国年表序》说："惜哉！惜哉！独有《秦记》，又不载日月，其文略不具。"

因此，《竹书纪年》于西晋出土时，身价百倍，受到高度的重视。

《竹书纪年》记载了夏商周的事迹，直到西晋年间才出土。如果此书在秦始皇年间流传于社会，肯定和其他书籍同归于尽了。也许秦始皇也烧过《竹书纪年》，而西晋时出土的那部《竹书纪年》在秦始皇之前已经侥幸入土了。

西晋武帝太康二年（281年），汲郡人盗墓时挖出了竹简数十车，全用古文字记载，史称"汲冢书"，即《竹书纪年》。书中有记载夏商周的史书十三篇，晋人初名"纪年"，又称"汲冢纪年"。西晋中书监荀勖、中书令和峤奉命将散乱的竹简排定次序，并用当时通用的文字释文，即初释本《竹书纪年》，又称"荀和本"。由于竹简散乱，而战国文字西晋时已经不能完全认识，因此争议很大。到了晋惠帝时期，秘书丞卫恒奉命考订竹简，以平息众议。不久，八王夺位，外族入侵，永嘉之乱爆发，卫恒被杀。所幸，著作郎束皙继续考订竹简，写成《竹书纪年》，又称"卫束本"。

《竹书纪年》是春秋战国时期晋国、魏国史官所记的史书，是唯一一部未被秦始皇烧掉的编年通史，学者公认其历史价值和社会价值均在古代经史之上。

由于焚书坑儒，秦始皇以前的史料寥若晨星。《竹书纪年》虽然保存了夏商周的事迹，但毕竟太少了。如果秦始皇未曾焚书坑儒，则列国的《竹书纪年》都会保存下来，秦始皇以前的众多记载夏商周事迹的书籍也都会保存下来，我们今天就不必花费巨大的人力和财力去搞"夏商周断代工程"了。

学者认为秦始皇焚书坑儒导致春秋战国及其以前的历史断了代，夏、商、周的一些史实考证由于古籍的缺失，困难重重，秦始皇焚书坑儒在中国历史上可谓贻害无穷。

如果司马迁没有写《史记》的话，许多史实更加难以考证，先秦史将更加模糊，因此司马迁在中国历史上的贡献是伟大的。

秦始皇烧了大量的历史典籍，包括夏、商、周的史籍，让中华文明损失了许多传世佳作，以致外国好多学者不承认中国的夏朝。

直到近年河南等地出土了大量的夏朝文物，有力地证明了中国历史上夏朝的存在，外国学者才哑口无言。

"春秋"一词本来泛指战

焚书坑儒

国时期各国的史书。秦始皇焚烧六国以及所有以前的史书时，只有鲁国的《春秋》因藏在墙壁中被侥幸地保存下来。好在鲁国《春秋》对其他六国的历史政治情况都有综述，这才让后人能够从中了解到春秋战国时期的一些历史。如果没有鲁国《春秋》这部史书传下来，好多关于战国以及战国以前的历史根本无从知晓。

《战国策》是重要的历史巨著，全靠西汉刘向根据皇家秘室所藏有关战国史事的几种本子汇集编纂校订而成。如果不是汉朝对一些古籍的挽救整理，许多历史事件和历史人物都将被淹没在历史长河中。《战国策》的整理过程是极其艰难的，秦始皇负有不可推卸的责任。

（三）导致秦朝灭亡

秦始皇焚书坑儒是统一思想的运动。

秦始皇统一六国之后，在政治结构上废除了分封制，在全国范围内施行郡县制；在文化上统一了文字，通用以小篆为标准的官用文字；在经济领域内统一货币，统一度量衡。

这些措施都是国家大一统的基本要素，也是国家能够控制的。

但是，有些东西是国家难以驾驭的。秦朝初年，战国时期刚刚结束，百家仍在争鸣中。秦始皇认为光在政治、经济、文化等方面统一还不行，最关键的是统一思想。

当时，最大的思想潮流是儒家和法家。儒家是厚古的，而秦始皇统一中国是新事物，他采取的措施也都是新措施，这些都是不符合儒家学说的。

当时，六国贵族借着儒家的"克己复礼"的主张，要恢复周朝的分封制，从而取得失去的权势。

为此，秦始皇视儒家为他统一大业的绊脚石，欲除之而后快。因此，一场统一思想的文化运动开始了。

秦朝"焚书坑儒"和汉朝"罢黜百家，独尊儒术"的实质是一样的，都是要统一思想。

其实，从汉朝开始，所有封建统治者基本上都施行"阳儒阴法"，或称"实法名儒"，即表面上采用儒家治理国家的方法，实际上却用法家的治国手段治理国家。皇帝用法家的方法统治天下，而用儒家的学说教化百姓。法家强调的权、术、势属于帝王术，用作驾驭百姓和群臣的方法；而儒家学说强调仁和礼，仁和礼能从道德上让百姓自觉向善，是维护等级制度的极好工具，因此历代统治者都用儒学教化天下。

当年，秦始皇没有认识到儒学是可以利用的最佳安民手段。焚书坑儒这种过激手段是愚蠢而又残暴的，既毁灭了许多古代典籍，又造成了文化史上难以弥补的损失。

焚书坑儒虽维持了秦朝的统治，但也加速了秦朝的灭亡。秦始皇焚书坑儒，意在维护统一的集权政治，排除不同的政治思想和见解，但并未收到预期的效果。这一点是秦始皇及丞相李斯始料不及的。

焚书坑儒虽然加强了思想控制，在短时间内获得了成功，但不利于国家长治久安，不利于社会发展。

"阳儒阴法"是一种外松内紧的统治策略，表面上推行仁政，实际上施行法治，既能笼络民心，又能保证专制。

"阳儒阴法"代表了一种兼容并蓄的政治心态，既避免了纯用儒家的迂腐柔弱，又避免了纯用法家的苛察严酷。

"阳儒"即表面为儒，公开倡导儒家思想，从而表现了统治者认识到教化人心和思想宣传的重要性，也代表统治者已经意识到"诛心"比"诛形"更加重要，这是治国技巧更加圆熟的标志。

"阴法"即在实际政治活动中推行并依靠法家，如宋代重用包拯等清官。

"阳儒阴法"，儒法双管齐下，有力地维护了国家的安定。

血缘是一个民族的根，统一的宗教信仰是一个民族最为明显的特性，而没有共同的血缘和共同的宗教信仰的民族最明显的特性就是有统一的思想文化。

中国是一个多民族的国家，中华民族是炎黄子孙，有力地说明了这一点。

中华民族的始祖是炎帝和黄帝，而炎帝是姜姓，黄帝是姬姓，他们来自两个不同的部落，各有不同的宗教信仰。因此，中华民族可以说是一个没有共同祖先和共同宗教信仰的族群。维系这个族群的纽带是思想文化，即以孔子思想为主干的儒家传统思想文化。

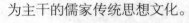

儒家思想是宽容的思想，能不断地融合其他民族。这样，中国这个多民族、大一统的国家才能不断地发展壮大。

儒家思想对封建社会的稳定起了重要的作用。

礼治是儒家学派的主要政治主张之一，强调尊卑，坚持上下有序的等级原则，用等级规范来调整社会的政治关系，约束人的行为。这正好符合封建统治的政治要求。礼治能保证普通人遵守社会秩序，从而维护了君主绝对的统治地位。

儒家学说以"仁"为中心，在政治上主张实行仁政和德治。关于仁的内涵，孔子认为主要有两层：一是克己复礼，二是仁者爱人。对内克己，对外爱人，最终在思想和行为上符合礼的要求，正好维护了封建统治。

仁政的主要内容有四项：1.制民以恒产；2.赋税徭役有定制；3.轻刑罚；4.保护工商业。

儒家学派主张以德治国，德治的要求首先是针对统治者的。孔子认为统治者要在道德修养方面达到一定的程度，才能实现有效的统治。当统治者拥有了高尚的道德时，民众自然会归顺，听命于他的统治。

仁政与德治是一种十分有效的政治方式，能把人培养成谦谦君子，有利于社会安定。

通过仁政与德治，统治者一方面保障了其等级特权的延续，另一方面也弱化了民众反抗封建统治的积极性，从而俯首帖耳地听命于封建统治阶级。

战国时，子思、孟子提出了"天人感应说"。这一学说的理论基础是"天人

中国文化大事件

66

合一"，认为"天道"和"人道"、"自然"和"人为"是合一的。这种学说让统治者得以心安理得地接受民众的膜拜，让民众从心理上绝对接受君主的专制统治，为封建统治提供了强有力的保障，使封建统治得以延续。

孔子说"君子喻于义，小人喻于利"，明确了君子与小人的区别。封建统治者利用这一思想限制民众对经济利益的追求，奴化民众争做君子，拒做小人，从而安分守己，服服帖帖地接受统治。

儒家思想中的民本思想是封建社会经济持续发展的重要保障，通过民本思想的传承，中国封建社会逐渐形成了自给自足的小农经济模式，民众以农为上，贬低商人。这样一来，满脑子小农意识的民众只要温饱就能服从封建统治者的专制统治，从而保障民众不会因为追求富裕而有更高的政治要求。

儒家认为"无父无君，是禽兽也"，主张"君君臣臣，父父子子"，还主张"长幼有序"。封建统治者利用这一理论，要求民众尊崇"长幼有序"，在维护家庭的和谐之后，服从国君这个大家长的统治，从而使每个人都以反抗大家长的封建统治为耻。

儒家思想博大精深，为封建统治的延续作出了巨大贡献。儒家思想不但是封建统治的正统思想，也是华夏民族凝聚力的源泉之一。

儒家学说主要是强调仁和礼，让百姓从道德上形成行为自觉，而不会采取暴力进行反抗，因而是维护等级制度的最好工具，所以历代统治者都用儒学教化天下。当年，秦始皇没有认识到儒学是可以利用的，因此采取了激烈手段。

秦朝以后，历代统治者无一不把儒家思想看成维护统治的关键手段，因而国祚绵长。而秦始皇焚书坑儒，放弃儒学这种最好的安民手段，结果，几代先人含辛茹苦，好不容易建立起来的大秦帝国只持续了十几年。

三、秦朝是否亡于暴政

（一）秦朝亡于暴政

秦始皇渴望大秦江山千秋万世，可是只持续二世便灭亡了。

古往今来，好多学者都认为秦朝亡于焚书坑儒之类的暴政。

法家政策以严酷的法制统治国人，其严酷程度在历史上是罕见的。这种政策有其有利的一面，是秦国统一中国的基础，是有其先进性的。但是，物极必反，法家政策又因其有残暴的一面，不适于治理国家，不能使国家长治久安，因而秦朝很快就灭亡了。

秦始皇不能顺应历史潮流，统一天下后仍实行商鞅以来沿用的法家政策，进行残暴的统治，"焚书坑儒"是灭绝人性、残酷统治的典型例证。

秦始皇焚书坑儒，代表文化的书籍被付之一炬，侥幸留下的也因为残缺不全而无法读懂，被后人视为天书。

秦始皇将尊道重德的上古文化变为尊王重权的专制文化，使中华民族跌入万劫不复之地，人民在专制统治下痛苦呻吟长达两千多年。秦始皇可谓罪恶深重，罄竹难书。

秦始皇不但祸及当世和后代，更祸及全家。

秦朝之所以灭亡，在于残暴，在于违反了天道。历史学家几乎都认为秦朝灭亡的主要原因是由暴政引起的。

秦始皇不仅焚书坑儒，还发动大规模的军事战争，北击匈奴，南征百越，给百姓带来了沉重的负担和巨大的灾难。

秦始皇攻灭六国后，本应让辛辛苦苦打天下的军民休养生息，坐下来喘口气。可他仍然北伐匈奴，南征百越，让疲惫已极的秦军继续征战，得不到任何

中国文化大事件

休整。这使饱受战乱之苦的百姓坠入更加黑暗的苦难深渊，实在不堪重负了。据《史记》所载，秦始皇一声令下，男子立即披甲踏上征途，女子则奔波于前线与后方之间，搞得民不聊生。只见不堪重负的百姓纷纷自缢于道旁树上，死者相望。百姓的负担已经到了顶点，忍耐已经到了极限。

从公元前 222 年开始，秦始皇开始大规模修筑以咸阳为中心，向四面八方延伸的驰道。驰道均宽五十步，方便交通，有利于管理六国旧地，便于向北方战争前线输送补给，也便于秦始皇出巡。

著名的驰道有上郡道、临晋道、东方道、武关道、秦栈道、西方道及秦直道。

驰道是极艰巨的工程，无论遇到高山还是湖泊，都要挖山填湖，要保证驰道绝对地平，绝对地直。驰道中间供皇帝的车马行走，两边供百官和军民使用，两侧都要种上青松。驰道的工程量太大了，劳民伤财，前所未有，不知累死了多少人，可以说驰道是用百姓的白骨铺成的。

秦始皇还下令修筑长城，为自己修陵墓，频繁地强迫老百姓服劳役。

《史记·秦始皇本纪》说："秦国每灭掉一个诸侯，都按照该国宫室的样子，在咸阳北面的山坡上进行仿造，南边濒临渭水，从雍门往东直到泾、渭二水交汇处，殿屋之间有天桥和环行长廊互相连接。从诸侯那里虏得的美人和钟鼓乐器之类，都放到那里面。公元前 220 年，秦始皇去巡视陇西、北地，穿过鸡头山，路经回中，在渭水南面建造信宫。不久，又把信宫改名极庙，以象征处于天极的北极星。从极庙开通道路直达骊山，又修建了甘泉前殿。修造两旁筑墙的甬道，从咸阳一直连接到骊山。"

至于秦始皇自己的宫殿，光在关中地区就有三百多所，东方地区还有四百多所，诸如咸阳宫、芷阳宫、宜春宫、长杨宫、梁山宫、甘泉宫、步寿宫等。但是，秦始皇还不满意，还要修建更豪华、更壮丽的阿房宫。

百姓抛家舍业，为秦始皇服劳役，累死了成千上万人，因故逾期的都要

焚书坑儒

斩首。

秦始皇一方面祈求长生不死，一方面又为自己建造古今无与伦比的陵墓，光是每天在这个陵墓中参加劳动的就有七十万人。据《史记》所载，每天都有累死的，秦始皇陵是由几十万劳动人民的白骨堆积起来的。

秦始皇这样大兴土木，劳民伤财，而当时全国人口只有三千万，是无论如何也无法承受的。

秦始皇指挥法家用严刑峻法统治老百姓，《秦律》中规定的罪名近 200 种，有死刑、肉刑、笞刑等多种残酷的刑法。《秦律》规定一人犯法，株连全家；一家获罪，殃及邻里。法家思想统治下的秦帝国就像一个巨大的监狱，百姓没有自由；更像一个火药桶，一触即发。

自从秦孝公任用商鞅变法以来，历代秦王都尊奉法家思想。秦始皇更是对韩非子的学说推崇备至，统一后继续尊奉法家思想，用暴力消灭不稳定因素，用暴力整饬社会秩序。在法家高压统治之下的秦帝国，五湖四海表面上平静，但下面却暗流涌动。

综上所述，秦始皇统一全国后，继续重用法家，不懂得采用儒家的仁义学说；只迷信武力镇压，而不懂得思想教化；南北用兵，大兴土木，横征暴敛，不懂得减轻赋税，让百姓休养生息等等。秦始皇的残酷统治搞得四海鼎沸，他将秦帝国推上了灭亡之路。

统一的王朝需要有统一的新思想，与皇权政治相辅而行。

秦国吞并东方六国，但要征服人心是很不容易的，需要用新的思想增强老百姓的向心力，尤其是统治阶级内部的归属感。这一点对刚刚建立的秦帝国非常必要，而法家思想不适合作为新兴帝国的指导思想，它建立在武力和强权之上，不得民心。

秦朝灭亡是统治者在统一后继续采用法家思想，推行暴政所造成的。在法家思想统治下，老百姓苦不堪言，大失所望。

国家统一后，统治者应该改弦更张，用儒家思想治国。儒家思想深入民心，其主张的仁政与暴政恰好相反，能使新建立的王朝长久地延续下去。

得民心者得天下，失民心者失天下。

行暴政者国家夭折，行仁政者国运绵长。

（二）秦朝亡于李斯

有的学者认为秦朝并非亡于焚书坑儒之类的暴政，而是亡于李斯。

对于秦朝来说，可谓"成也李斯，败也李斯"。

先说"成也李斯"：

李斯是战国末年楚国上蔡人，年轻时曾在家乡当小吏，因怀才不遇，特地拜当时的大学者荀卿为师，学习帝王之术，即辅君治国之术。学成之后，李斯到秦国做了相国吕不韦的门客。在吕不韦的手下，他尽心尽力地干。不久，他便得到了吕不韦的赏识，被推荐为郎官，也就是秦王嬴政的侍卫官。从此，李斯有机会向秦王进言，阐述自己的政治见解了。

有一天，李斯建议秦王吞并东方六国，完成统一大业。他说："以秦国之强，大王之贤，能像扫除尘埃一样轻易地消灭诸侯，完成帝业，统一天下。此乃万世一遇之机，若不疾行，诸侯复强，相聚合纵，虽有黄帝之贤，也不能吞并六国了。"秦王听了李斯的卓越见解，拍手称快，立即任命他为长史。

秦王在李斯等人的辅佐下，仅用十年时间就灭了六国，自称始皇帝。

统一后，丞相王绾说："全国地方太大，难以管理，应像周武王那样封诸子为王。"秦始皇召开群臣会议讨论此事，群臣都赞同王绾的意见，只有李斯提出不同的意见："周武王封的子弟很多，后来一个个都与周武王疏远了。他们各自为政，互相视为仇敌，经常发生战争，周天子也不能禁止。现在天下一统，应实行郡县制，天下才能安定。"秦始皇也认为天下好不容易才统一了，如果再立许多小国，不利于统一，安定也没有保障，因此支持李斯的意见，将全国分为三十六郡，郡以下设县。郡县制比分封制更有利

焚书坑儒

于国家的统一。

李斯主张的封建中央集权制度从根本上铲除了诸侯王国分裂割据的祸根，对巩固国家统一，促进社会发展起了积极作用。因此，这一制度在秦以后的封建社会里一直沿用了近两千年，对汉族的发展是大有好处的。李斯不但辅佐秦始皇建立了秦帝国，还统一了文字，统一了度量衡，李斯办的这几件大事在中国历史上影响深远。

李斯为秦帝国的建立和发展立了不世之功，这是"成也李斯"。

再说"败也李斯"：

秦朝并非亡于暴政，而是亡于李斯之手。

秦始皇三十一年（前216年），秦始皇到东南一带去巡视。随他一起去的有他的小儿子胡亥、丞相李斯和宦官赵高。

秦始皇渡过钱塘江，到了会稽郡，再向北到了琅玡（今山东胶南县）。从冬季出发，一直到夏天才回来。回来的路上，他感到身子不适，在平原津（今山东平原县南）病倒了。随从医官给他看病进药，都不见效。

行至沙丘（今河北广宗县西）时，秦始皇病势越来越重。他知道自己将不久于人世，便对赵高说："快写信给扶苏，叫他速回咸阳。万一我不行了，叫他主办丧事，然后即位。"

信写好后，还没来得及交给使者送出，秦始皇便去世了。

丞相李斯跟赵高商量："此处距咸阳甚远，万一皇上去世的消息传开，恐怕发生变乱。不如暂时秘不发丧，赶回咸阳再作道理。"赵高同意了。

于是，他们把秦始皇的尸体安放在车里，关上车门，放下窗帷，外面什么也看不见。随从的人除胡亥、李斯、赵高和五六个内侍外，别的大臣都不知道秦始皇已经死了。车队照常向咸阳进发，每到一个地方，文武百官照常在车外迎驾奏事。

李斯叫赵高赶快派人把信送出去，好让公子扶苏赶回咸阳。赵高是胡亥的心腹，跟蒙恬一家有仇。他偷偷地跟胡亥商量，准备假传秦始皇的遗嘱，杀害扶苏，让胡亥即位。胡亥当然求之不得。

赵高知道要干这样的事非跟李斯商量不可，就去找李斯说："现在皇上的遗诏和玉玺都在胡亥手里，由谁即位，全凭我们一句话。你看怎么办？"

　　李斯说："你怎么说出这种亡国的话来？这可不是我们做臣子该议论的事啊！"

　　赵高说："你先别急。我问你，你跟扶苏的关系比得上蒙恬吗？"

　　李斯说："我比不上他。"

　　赵高说："如果扶苏做了皇帝，一定拜蒙恬为相。那时，你只好罢官回老家了。公子胡亥心地善良，待人厚道。要是他做了皇帝，你的相位就保住了。你还是好好考虑考虑吧！"

　　李斯怕扶苏即位后，自己保不住相位，便和赵高、胡亥合谋，假造了一份诏书给扶苏，说他在外不能立功，反而怨恨父皇，又说扶苏和蒙恬同谋，最后要扶苏和蒙恬立即自杀，把兵权交给副将王离。

　　扶苏接到假诏书后，哭了一场，决定自杀。蒙恬怀疑这道诏书是伪造的，要扶苏向父皇申诉。扶苏说："既然父皇要我死，哪里还能申诉？"说完便自杀了。

　　李斯一行回到咸阳后，才宣布秦始皇去世的消息，并假传秦始皇的遗诏，由胡亥即位，史称秦二世。

　　秦二世是个昏君，荒淫无道，天下大乱，秦朝很快就灭亡了。

　　如果李斯不为一己之私，不假传圣旨，不立胡亥，而立扶苏为秦二世，中国的历史就要改写了。

　　扶苏是秦始皇的长子，有政治远见。他认为天下初定，百姓未安，因此反对焚书坑儒，反对重用法家。秦始皇一怒之下，贬他到上郡蒙恬军中去监军。

　　扶苏在塞外征战中身先士卒，勇猛善战，立下了赫赫战功，敏锐的洞察力与出色的指挥才能让众多的边将自叹弗如。

　　扶苏谦逊待人，爱民如子，深受广大百姓的拥戴。后来，陈涉起义时，就曾用扶苏的旗号号令天下，果然人人响应，天下归心。

焚书坑儒

秦始皇临终前，曾用玺书召扶苏回咸阳主持丧事并继承帝位。如果李斯不听赵高的，不篡改遗诏，秦朝怎会灭亡呢？

因此，学者认为对于秦朝来说，"成也李斯，败也李斯"。

（三）秦朝亡于军事措置失当

有的学者认为秦朝并非亡于焚书坑儒之类的暴政，而是亡于军事措置失当。秦始皇攻灭六国，建立了中国历史上第一个多民族统一的国家。秦始皇自称始皇帝，本来是要将帝位传于万世的，却二世而亡了。

在我国漫长的历史长河中，短暂的秦朝犹如昙花一现，流星一闪，仅维系了十多年。历史上一直将秦朝灭亡的原因归于暴政，这是失之偏颇的。

秦国具有当时最先进的政治、军事和司法制度，那为什么一个正处在巅峰的庞大帝国，在极短的时间内便土崩瓦解了呢？

秦始皇统一六国后，没有让百姓休养生息，没有注重发展经济，而是将大部分的精力放在南征百越，北击匈奴上了。

当时，越人分布在浙江、福建、广东、广西和越南一带，部落极多，各自为政，从未统一，因而史称"百越"。

战国初期，吴起在楚国担任令尹时曾平过百越。后来，楚国被秦军灭掉，而百越则独立于秦帝国之外了。

秦军攻灭六国后，并未息兵，而是继续执行扩张领土的政策。

秦始皇二十九年（前218年），秦始皇命大将屠睢和赵佗率50万大军，兵分五路，经广西北部的越城岭、湖南南部的九嶷山以及江西南康和余干等地，向两广地区的越族进军。其中，赵佗率领的这支秦军经九嶷要塞，顺北江而下，直达珠江三角洲地区，并占领了番禺。而进攻广西地区越族人的两支大军，由于以屠睢为首的一些秦将采取歧视越人的政策，急于推行暴政，引起了越人的

中国文化大事件

全面反抗。越人熟悉地形，善于爬山涉水，夜间偷袭秦军，扰得秦军苦不堪言。不久，主帅屠睢被杀。

由于粮食匮乏、主帅被杀、数十万秦军伤亡，使战争陷入了胶着状态。直至秦始皇三十三年（前214年），经过秦军的连年苦战，百越之战才以秦军的彻底胜利而告终。

匈奴是亚洲北部一个极其彪悍的游牧民族，擅长骑马射箭，经常南下中原杀掠。为了防止他们入侵，战国时代的赵国、燕国和秦国都曾在北方边境修筑长城。

战国后期，赵国名将李牧曾率军大破匈奴，歼灭十余万匈奴骑兵，吓得匈奴头曼单于仓皇逃窜，十多年不敢接近赵国边境。

在秦始皇吞灭六国的十年间，头曼单于又趁中原大乱之机迅速发展自己的势力，不断南下劫掠。此时，秦始皇正忙于征战，无暇顾及他们。

攻灭六国后，秦始皇三十二年（前215年），秦始皇命蒙恬率三十万秦军北击匈奴。匈奴头曼单于带着残兵败将北窜，再也不敢南下了。

打败匈奴后，秦始皇命令蒙恬指挥数十万士兵、囚徒和百姓，在原来战国长城的基础上筑起了万里长城。

春秋战国时期，北方各国诸侯为了防御匈奴军队入侵，修筑烽火台，并将城墙连接起来，形成最早的长城。秦始皇使用了近百万劳动力修筑长城，占全国总人口的三十分之一。当时没有任何机械，全部工程都由人力完成。长城筑于崇山峻岭、峭壁深壑之间，极为艰难。长城东起山海关，西至甘肃嘉峪关，东北至鸭绿江。

在天下稳定后，先抓紧发展农业、手工业、商业，是一个新兴国家的根本所在。让农民休养生息，鼓励生产，提升国家的经济实力，是确保帝国持续繁荣的唯一良策。但是，秦始皇忽视了这一点，继续发动战争，将有限的财力用于庞大的军事开支上，却又不知开源，忽视经济发展，以致国库入不敷出，造成财政上的巨大亏空。

修筑长城是为了防止匈奴的入侵，按当时的实际情况，匈奴不至于轻易出兵向强大的秦国动武。

焚书坑儒

秦始皇应抓紧时间发展生产，恢复战争破坏的经济，才能让天下安定，国运绵长。

由于军事上的大量开支，秦始皇死后留下了一个国库空空的烂摊子。在这种情况下，纵使后人有千般本事，万丈雄心，也无力回天了。

（四）秦朝亡于郡县制

有的学者认为秦朝灭亡并非亡于焚书坑儒之类的暴政，而是亡于郡县制。

为了有效地管理国家，也为了替子孙万代奠定基业，秦始皇在统一全国后，

首先吸取战国时期设置官职的经验，建立了一套相当完整的中央集权制度和政权机构。

秦始皇在朝廷中设置丞相、太尉、御史大夫。丞相有左右二员，是百官之首，掌管国家政事。太尉掌军事，但不常置。御史大夫是丞相的助手，专掌图书秘籍，监察百官。

丞相、太尉、御史大夫以下，是分掌具体政务的诸卿，其中有掌宫殿掖门户的郎中令，掌宫门卫屯兵的卫尉，掌京畿警卫的中尉，掌刑罚的廷尉，掌谷货的治粟内史，掌山海池泽之税和官府手工业制造以供应皇室的少府，掌修建宫室的将作少府，掌国内民族事务和外交事务的典客，掌宗庙礼仪的奉常，掌皇室属籍的宗正，掌舆马的太仆等。丞相、太尉、御史大夫与诸卿在朝廷上议论政务，最后由皇帝裁决。

此外，秦代还有一些比较重要的官职，如博士"掌通古今"，即通晓古今史以备皇帝咨询，同时负责图书收藏；如典属国与典客一样主管少数民族事务，不同的是典客掌管与秦友好的少数民族的交往，而典属国则负责已投降秦朝的少数民族；如詹事管理皇后和太子的事务。

安顿好了朝廷，秦始皇又采纳李斯的建议，废除分封制，改行郡县制。地方行政机构分郡、县两级。郡县主要官吏由中央任免。

郡设守、尉、监（监御史）。郡守为郡的长官；郡尉辅佐郡守，并典兵事；郡监负责监察。秦始皇把全国分成三十六郡，南平百越，北击匈奴后又增至四

中国文化大事件

十一郡：

秦地：巴郡、蜀郡、陇西郡、北地郡；

赵地：太原郡、云中郡、邯郸郡、巨鹿郡、雁门郡、代郡、常山郡；

魏地：上郡、河东郡、东郡、砀郡、河内郡；

韩地：三川郡、上党郡、颍川郡；

楚越之地：汉中郡、南郡、黔中郡、南阳郡、陈郡、薛郡、泗水郡、九江郡、会稽郡、长沙郡、衡山郡；

齐地：东海郡、齐郡、琅玡郡、胶东郡、济北郡；

燕地：广阳郡、上谷郡、渔阳郡、右北平郡、辽西郡、辽东郡；

南越故地：闽中郡、南海郡、桂林郡、象郡；

匈奴故地：九原郡。

县，万户以上者设令，万户以下者设长。县令、县长之下有丞、尉及其他属员。县令、县长主要管政务，县尉掌握军事，县丞掌管司法。

县以下设乡，负责摊派徭役，征收田赋，查证本乡被告案情，参与对国家仓库粮食的保管工作。乡设三老掌教化，啬夫掌诉讼和赋税，游徼掌治安。

乡下设里，里是最基层的行政单位。里由里典担任长官，后代称里正、里魁。里中设置严密的什伍户籍组织，以便支派差役，收纳赋税，并规定互相监督，一人犯罪，邻里连坐。此外还有管理治安、严禁盗贼的专门机构，叫做亭，亭设亭长。亭还负责接待往来的官吏，为政府输送、采购、传递文书等事。两亭之间，相距大约十里。

两千多年来，人们一提到"秦"，总要在前面加一个"暴"字，"暴秦"几乎成了秦朝的代名词。

其实，封建统治是专制统治，专制统治的最高目的是为了巩固帝王的特权，因此，对于一切妨碍帝业的言论和行为，即使是父子兄弟，也要残酷镇压。封建帝王的残暴是专制体制的必然产物，说暴政是秦王朝灭亡的根本原因，是不妥的，哪个王朝不残暴？

焚书坑儒

77

秦朝立国之初，秦始皇废除了分封制，而实施中央集权的郡县制。这一政策毁灭了新兴贵族封王的美梦，引起了他们的强烈不满。

秦始皇统一中国，摧毁了六国旧贵族的家园，激起了他们的刻骨仇恨。当他们复仇的怒火熊熊燃烧时，就像火山爆发一样，很快便摧毁了刚刚建立起来的还很脆弱的郡县制。

如果秦朝实行分封制，则情况就不同了。

郡县制是古代中央集权制在地方政权上的体现，形成于战国时期，并非李斯和秦始皇独创的。

春秋初期，秦、晋、楚等国开始在新兼并的地方设县。县与卿大夫的封邑不同，是直属国君的，有利于国君对边远地区的统治。

春秋中期开始，设县的国家越来越多，有的在内地也设了县，县开始成为地方行政机构。

春秋末期，有的国家开始在新得到的边远地区设郡。这时的郡虽然面积比县大，但由于偏僻荒凉，地广人稀，地位比县略低。

进入战国后，郡所辖的地区逐渐繁荣，人口增多，于是郡的地位高于县了。

战国时期，各国先后在边地和内地设置郡县，产生了由郡统辖县的两级地方行政组织。至此，郡县制形成了。

郡的长官和县的长官均由国君任免，郡县制使各诸侯国形成了中央、郡、县、乡一套比较系统的行政机构，对地主阶级实行统治起了重要的作用。

战国时期，郡县制虽然形成并得到了发展，但由于各国分立，执行情况不尽相同。直到秦始皇统一中国后，为了加强中央集权，才健全了郡县制，进而在全国推广。

然而，在秦末天下大乱时，却没有一个郡县出兵平乱。分封制与郡县制各有利弊，因此刘邦建国之后，将这两种制度并用，既实行分封制，封王立国；又设置郡县，任免官吏。

无论是郡县制还是分封制，都是封建统治者为了加强中央集权所采取的行政手段。

分封制与郡县制是有区别的：

1.分封制度萌芽于夏朝，盛行于西周，它是国君将土地赐给宗室臣属作为俸禄的制度。受封的对象有三种类型：一是周王的同姓亲属即王族，二是功臣，三是古代圣君如尧舜的后裔。不论受封的是何人，一旦被封后都可世代相传，即实行世袭制。郡县制则与此相反，郡县的行政长官均由皇帝直接任免，不能世袭。

2.在分封制下，受封的诸侯在封地内不但享有行政统治权，而且拥有对土地和人口的管理权，但受封的诸侯必须对周天子尽义务，必须定期朝觐周王，向周王贡献各种土产，接受周王之命出兵保卫王室，征讨反叛者。

3.开始时，分封制对于中央是有利的。受封的诸侯出于感激之情，都效忠中央。但是，由于各诸侯国在封地上拥有绝对的统治权，百年之后，渐渐变成了大大小小的独立王国，最后导致完全分裂的政治局面。春秋争霸局面的形成，便是分封制的必然产物。

郡县制消除了由分封割据带来的隐患，使皇帝能够直接控制地方。因此，这种行政制度成为中国两千多年封建专制统治的组成部分。

秦朝统一天下后，六国的残余势力犹在，并且相当强大。他们利用秦始皇未在他们过去的土地上分封秦王子弟的机会造反，由于秦始皇未派子弟领兵监视他们，他们举兵后如入无人之地，轻易地灭了秦朝。如此看来，秦始皇推行郡县制，有百利及一害，这一害便是将江山拱手让人了。

学者认为，如果秦始皇在推行郡县制的同时，也推行分封制，则秦末天下大乱时，分封在各地的秦室子弟不但有率军勤王的义务，为了守住自己的封土，也绝不会袖手旁观的。这样，秦王朝绝对不会二世而亡。

焚书坑儒

四、焚书坑儒非暴政之说

有的学者认为秦始皇焚书坑儒有其历史必然性，并非暴政。

国学名家钱穆在《国学概论》之《嬴秦之焚书坑儒》中说："诸子争鸣，至战国晚季而益烈，是非纷乱，议论百出。秦一天下，学术随政治而转移，乃亦有渐趋统一之趋向，吕不韦著春秋，意在荟萃群言，牢笼众说，借政治之势力，定学术于一是。"秦始皇认为只荟萃牢笼还不够，因为各种异端杂说毕竟还存在，只要存在，难保哪一天不会跳出来，所以干脆彻底一点，焚其书，坑其人，封建社会学术思想的大一统局面就是以此为前提的，而先秦学术的百家争鸣局面也由此结束，"盖诸子之兴，本为在下者以学术争政治；而其衰，则为在上者以政治争学术"。

据《史记》所载，秦始皇焚书坑儒是不容置疑的事实，后世对其评价却多有不同。为什么后世对其评价不同呢？原因就在于后世评价者的阶级立场不同，因而对秦始皇的认识也不同。

在评价秦始皇焚书坑儒事件时，我们必须先了解当时的历史背景。

秦军于公元前256年灭了东周，公元前230年至公元前221年又灭了韩、赵、魏、燕、楚、齐六国，建立了中国历史上第一个统一的中央集权的封建国家。

统一六国后，秦始皇推行了一系列加强国家统一的措施，确立了中央集权制，建立了中央政府；在全国范围内推行郡县制，废除官吏世袭制度；用法律的形式承认土地私有；销毁民间兵器，迁徙富豪；修驰道，筑长城，把燕、赵、秦原来的长城连接起来，加以修缮，设立要塞，派兵守卫。秦始皇还统一了货币，车同轨，书同文，促进了中华民族的统一，为几千年来华夏文明不被分裂奠定了基础。

中国文化大事件

修筑长城牺牲了无数人的生命，花掉了巨大的财力，给人民带来了许多灾难。但是，长城防止了当时北方强大的游牧民族匈奴贵族的掠夺，保护了北方人民生命和财产的安全，有利于发展农业生产。

从春秋末年开始，到战国末年，学术繁荣，诸子并起，出现了百家争鸣的盛况。战国时代诸侯纷争，思想文化空前活跃，各种思想流派、学术团体纷纷涌现。仅从学派来讲，就有儒家、法家、道家、墨家、名家、阴阳家、纵横家、兵家、农家、杂家等所谓"九流十家"。从思想方面来讲，各家学派各抒己见，相互诘难，形成了中国历史上一次百家争鸣的局面，从而极大地推动了学术思想的繁荣昌盛，迎来了我国古代学术发展的黄金时代。

随着封建国家的统一，专制主义中央集权制成了当时社会的政治统治形式。秦始皇在强化政治、经济方面专制的同时，也开始推行文化思想方面的专制统治了。

最初，秦始皇对文化思想领域并未采取暴烈的手段。从秦始皇二十六年（前221年）统一天下开始到焚书的8年间，秦始皇曾从六国的宫廷和民间搜集了大量的古典文献，同时又征聘了70多位学者，授以博士之职，还召了两千多名学生置于博士之下，称为诸生。秦始皇让这些人对古典文化进行清理甄别，以政府的力量禁止不利于封建专制政权的书，奖励那些对秦政权有利的书。秦始皇说："吾前收天下书，不中用者尽去之，悉召文学方术士甚众，欲以兴太平。"秦始皇不仅对70多位博士优礼有加，而且对诸生也尊赐甚厚。

但是，令秦始皇大失所望的是，这些博士和诸生都是旧时代的学者，满脑子旧文化和复古思想，认为提倡复古的儒家思想都是好的。他们不但对加强专制统治没有帮助，反而对秦始皇指手画脚，说三道四。秦始皇对博士和诸生的表现十分不满，遂导致了焚书坑儒事件的发生。

这种堵塞言路、销毁书籍的做法，并不是李斯和秦始皇首创，历史上早就发生过了。

战国时期，各诸侯国为了维护统治，防止其他学说损害国家的意识形态，动摇国家的根本，都曾采取钳制言论、销

毁书籍的做法，如商鞅变法时就烧过书，韩非子也积极限制私学，他说："私学，乱法度也。"把私学看成实行法治的主要障碍。要铲除私学，必须销毁教材。而当时主张禁止私学的人不在少数，也为大多数国家统治者所接受。既然焚书早就有过，为什么史学家们只把账算在秦始皇一个人的头上呢？鲁迅在《华德焚书异同论》一文中说："秦始皇实在冤枉得很，他吃亏是在二世而亡，一班帮闲们都替新主子去讲他的坏话了。不错，秦始皇烧过书，烧书是为了统一思想，但他没有烧掉医书和农书，他收罗许多别国的'客卿'，并不专重秦的思想，倒是博采各种思想的。"

我们在评价秦始皇焚书坑儒的是非时，应该根据当时的历史条件，在尊重史实的基础上，作出正确的结论和评价。秦始皇作为一个封建帝王，在完成了统一大业之后，所采取的统一思想的措施是历史的必然，是理所应当的。

对秦始皇焚书后果的评价，古往今来，众说纷纭。

《隋书》说："秦始皇驭宇，吞灭诸侯，先王坟籍，扫地皆尽。"《旧唐书》也说："三代之书，经秦燔炀殆尽。"都认为先秦的经书被秦始皇燃起的大火烧光了。

但也有人认为秦朝焚书仅限于史书，经书诸子并无损失。王充在《论衡》中说："秦虽无道，不燔诸子，诸子尺书，文篇俱在。"刘勰也有同样的看法，在《文心雕龙》里说："秦暴烈火，势炎昆冈，而烟燎之毒，不及诸子。"康有为在《新学伪经考》中也指出："焚书坑儒，虽为虐政，无关六经之存亡。"

据《史记》所载，博士管理的古书并未被焚。不过，项羽入关后，"烧秦宫室，火三月不灭"。这才使古代典籍遭受浩劫，而后世却将这笔账算到了秦始皇的头上，是不公允的。

秦始皇统一了度量衡、文字，统一了思想，形成了一个凝聚力和向心力巨大的民族，这也是黄河文明没有衰亡，民族没有分裂成无数国家的重要原因。在这一点上，秦始皇对民族是有着巨大贡献的。

其实，中国历史上最大规模的焚书发生在清朝乾隆时期。

乾隆皇帝即位后，组织了以纪昀为总编纂官的著名文人学者共 360 人，历时 10 年，编出了我国封建时代一部空前绝后的大型丛书——《四库全书》。

乾隆皇帝编纂此书的根本目的在于推行文化专制主义，巩固清王朝的统治。在编书的头一年，他曾两次提出：编写《四库全书》时，对古籍该毁弃的应予毁弃，该删改的应予删改。毁弃、删改的原则是什么？他明确指出："凡有诋毁本朝之语，正应乘此机会查办一番，尽行销毁，以杜绝遏止邪言，正人心而厚风俗。"因此，在编审《四库全书》的过程中，凡明朝野史及明人有关奏议文集，只要内容稍有对清廷不利者，一概焚毁。更有甚者，一些并不诋毁本朝，甚至与政治毫无干系的著述，如顾炎武的《音学五书》等，只因作者本人曾经反清而遭到毁版的厄运。至于那些被删改的书，往往被弄得面目全非。据统计，整个乾隆时期，共焚书 71 万卷之多，而四库全书只有 79337 卷。可见，乾隆焚书堪称空前绝后。

五、有焚书而无坑儒之说

两千多年以来，人们对秦始皇"焚书坑儒"的谴责之声不绝于耳，焚书坑儒作为秦始皇的一大暴政已成铁案。

人民教育出版社编著的义务教育课程标准实验教科书《中国历史》七年级上册第10课"秦王扫六合"中说："为了加强思想控制，秦始皇接受李斯的建议，发布焚书令，规定除政府外，民间只准留下有关医药、占卜和种植的书，其他书都要烧掉；以后再有谈论儒家诗书的都要判处死刑。他又把暗中批评他的一批儒生，在咸阳活埋。这就是历史上的'焚书坑儒'。"

高等教育出版社出版的师范高等专科学校历史专业系列教材《中国古代史》第四章第一节"秦朝的建立和发展"中说："焚书坑儒，在当时对刚建立起来的统一国家政权的巩固起到一定的作用，但手段是残酷的，后果是恶劣的，不仅堵塞了言路，钳制了思想，而且大量先秦文史典籍被焚烧，给中国古代文化的发展造成了无法弥补的损失。"

"焚书"事件，历史上确实发生过，《史记·秦始皇本纪》里记得清清楚楚。

汉代学者伍被认为秦始皇"弃礼义，任刑法"，焚书目的在于灭绝儒学，专用法家思想。其实，这种观点很值得商榷。

伍被是西汉初年淮南王刘安的谋士，伍子胥的后人。刘安是汉高祖刘邦的孙子、淮南王刘长的儿子，受父封亦为淮南王，是西汉的文学家、思想家。

伍被好读书，善文辞，才能出众，受到汉武帝刘彻的重视。刘安后来想谋反，召见伍被策划。伍被用昔日伍子胥谏吴王，吴王不用其计而被迫自杀的故事进谏刘安。刘安大怒，囚禁伍被的父母达三个月。刘安谋反事泄时，伍被被告与刘安谋反，被捕杀。

战国前期，儒、法两家的政治主张势如冰炭，互不相容。儒家着眼于管理每一个人，主张通过仁义诱导的途径塑造至善至美的理想人格，从而实现大治的政治理想。法家着眼于完善人以外的一切物，即富国强兵，主张通过刑法强制规范社会，从而达到大治的政治目的。然而，诸子百家在长期争鸣中，相互取长补短，到战国后期已经出现了学术融合的趋势。学术融合是政治统一在意识形态领域里的反映。荀子纳"法"入"儒"，以"儒"统"法"，提出德主刑辅、礼法并用的社会政治主张，是为建设新兴封建统治秩序服务的。

荀子曾应秦相范雎的邀请访秦，秦昭王会见荀子后问道："儒家对国家有无益处？"荀子肯定地回答道："儒者法先王，隆礼义，谨乎臣子而致贵其上者也。人主用之，则执在本朝而宜；不用，则退编百姓而悫，必为顺下矣。"又说："儒者在本朝则美政，在下位则美俗。"听完荀子的回答，秦昭王称善。这是儒家思想在秦国的首次正面宣传，并且取得了秦国最高统治者的好感。荀子还向范雎指出秦国"无儒"，从而引起了秦国统治集团的深刻思考。

秦相吕不韦编纂《吕氏春秋》，就是为了融合诸子之说。吕不韦突破学术派别的门户限制，预见到统一天下后，任用先秦诸子任何一家的思想为指导都不能建立起一个幅员辽阔的大一统帝国，必须博采众长，重新整合诸子百家。《吕氏春秋》编纂的目的即为实现秦国一统天下奠定学术根基。

自秦孝公任用商鞅变法开始，秦国独尊法家，造成荀子所谓的"无儒"局面。"无儒"包括两方面的意思：一指秦没有儒家，二指儒家思想在秦国政治生活中没有地位。

秦昭王以后，这种"无儒"局面发生了变化，秦国建立了博士制度。

秦国博士制度仿效战国时期东方鲁、宋等国的博士制度，不同的是东方诸国的博士制度来自尊贤传统，博士与国王的关系犹如师友；而秦国的博士制度来自政治需要，已经纳入官僚系统，博士与国王的关系纯属君臣。秦博士是奉常的属官，秩比六百石，名额多至数十人。秦博士可以参政议政，秦博士执掌"通古今"、"教子弟"、"典职教"、"辨然否"、"承问对"，即博士要将掌握的历史知识，特别是历代的治国经验献出来，为秦国的政治服务。

秦国的数十名博士成分不一，少数不是儒家，

如卢敖是方士，黄疵是名家，还有"占梦博士"属阴阳家。

卢敖即卢生，逃跑后隐居于故山。秦始皇大怒，下令搜捕，终因未获，只得作罢。故山后改名卢山，山前有卢山洞，内置卢敖塑像。

秦昭王以后，秦王治国不再专用法家，有了儒法并用的倾向，云梦秦简给我们提供了这方面的信息。

云梦秦简《为吏之道》强调修身正行，说："以此为人君则鬼（和柔的意思），为人臣则忠；为人父则兹（慈），为人子则孝……君鬼臣忠，父兹（慈）子孝，政之本（也）。"君怀臣忠，父慈子孝被秦统治者奉为施政原则，这其实是儒家提倡的伦理道德。

云梦秦简《封诊式》还记载这样一个案例：父亲控告儿子不孝，请求官府将其断足流放，官府核实后照办了。由此可知儒家的"孝道"受到秦国法律的维护，已经纳入秦国法律系统，成为教化、规范社会的工具。

云梦秦简又称睡虎地秦墓竹简或睡虎地秦简，1975年12月在湖北省云梦县睡虎地秦墓中出土，这些竹简长23.1—27.8厘米，宽0.5—0.8厘米，竹简上文字为墨书秦篆，写于战国晚期及秦始皇时期，内容主要是秦朝的法律制度、行政文书、医学著作以及关于吉凶时日的占书，为研究中国书法，秦帝国的政治、法律、经济、文化、医学等方面的发展提供了翔实的资料，具有十分重要的学术价值。

云梦秦简共1155枚，残片80枚，分类整理为十部分内容：《秦律十八种》、《效律》、《秦律杂抄》、《法律答问》、《封诊式》、《编年记》、《语书》、《为吏之道》、甲种与乙种《日书》。

孔鲋是孔子后裔，秦末儒生。秦始皇统一中国后，召为鲁国文通君，拜少傅。秦始皇通过封爵表达了对儒家思想的尊崇，实质上是肯定儒家思想在治理国家上的价值。

综上所述，秦始皇兼并天下前后，采取儒法并用、刚柔相济的政策，希望得到长治久安。

然而，儒生人品不一，荀子曾说："有俗儒者，有雅儒者，有大儒者。"何谓"俗儒"？荀子说俗儒只知道简单地效法古代的圣明君主，扰乱当时社会，胡乱学习一堆荒谬的东西，不懂得效法后代的贤明君主，却想统一制度，不明白要把礼义置于最高地位，降低了《诗》、《书》的作用。而秦始皇所任用的儒生，俗儒多，雅儒少，大儒一个也没有。

秦始皇焚书的目的不是灭绝儒学，而是禁止私学。

建议焚书的李斯是儒学大师荀子的门生，懂得儒学的价值，并非要灭绝儒学。他建议焚书是针对民间的藏书，而皇家藏书不在此列。同意焚书的秦始皇在兼并天下的过程中儒法并用，因而才取得了胜利。

秦始皇不糊涂，对儒学的价值一直持肯定态度。尽管秦始皇焚书规模大，但皇家藏书丝毫未受损失。

综上所述，秦始皇确实焚书了，但他焚书的目的是要禁止私学。这样，他又倒退到"学在官府"的旧时轨道，便于统一天下人的思想，维护国家统一安定的局面。

至于"坑儒"，有的学者认为此事根本不存在。

杀戮不同政见者，对于古今中外历代统治者来说，是司空见惯的，秦始皇当然也不能例外。但他没有杀儒生，也就是没有坑儒。

在所谓秦始皇坑儒事件中疑点太多，《史记》中提到名字的都是方士。侯生是韩国出身的方士，卢生是燕国出身的方士。这些方士多年欺骗秦始皇，逃跑前还肆意诽谤，终于惹怒了秦始皇，以致产生了所谓坑儒事件。

但是，在历史材料中，被坑者的称谓一直在变化：由方士变为文学方术士，再变为诸生，再变为颂法孔子的儒生。显然有一只黑手偷换了历史的真实内容。

按照秦国的制度，文学方术士有罪要交由御史处置，接受严格的法律审判，依法定罪，怎么会被活埋呢？但记载中说他们被活埋了。

根据秦朝法律，特别是近年来出土的大量法律文书来看，死刑没有活埋的案例。编造"坑儒"故事的人不懂法律，结果留下了作伪的漏洞。

六、秦始皇未曾焚书坑儒之说

这里先说焚书：

秦始皇焚书事件出于司马迁《史记》，是可信的。

清朝末年，我国学术界出现了一股疑古思潮，一些学者认为秦始皇未曾焚书。

这些学者认为司马迁在《史记·秦始皇本纪》中的记述有颇多不实之处，有溢美或溢恶之词，如说："乃令咸阳之旁，二百里内，宫观二百七十，复道甬道相连。"又说："关内计宫三百，关外四百余。"这样一来，秦始皇所建宫观总数竟然近千了！如此规模巨大的"宫观群"，就是神仙也变不出来的，显然所记失实了。再说，多年来的考古发掘，从未发现"咸阳二百里内，宫观二百七十"及"关内计宫三百，关外四百余"的有关遗址。

这些学者认为"焚书令"即使曾经下达，也和当年的"逐客令"一样，刚一颁布又迅即废止了。只不过废除"逐客令"一事已被载入史册，而废除"焚书令"一事则没有记载。

汉朝建国后，典籍奇缺，曾由朝廷多次下令征求书籍，献书者多有重赏。于是，人们便怀疑古书都被李斯和秦始皇烧了。其实，这些奇缺的古书是被与秦始皇同时代的项羽烧了。

秦末陈涉起义后，项羽随他叔父项梁也起兵响应了。陈涉死后，项梁立楚怀王的孙子为王，仍称楚怀王。秦二世派出大批军队增援在前线作战的大将章邯，章邯大破楚军，杀了项梁。

章邯杀了项梁之后，以为楚军不足虑，便北进攻击反秦的赵国后人去了。

赵王率军迎战，大败而逃，进入钜鹿城闭门不出，遣使向楚怀王求救。

这时，楚怀王和诸将约定："你们谁能抢先攻进关中，灭了秦国，就封谁为秦王。"当时，秦军尚强，诸将都认为进攻关中是件危险的事，因此都默不做声。只有项羽为了给项梁报仇，奋然而起，表示要和刘邦联合起来打进关中。这时，楚怀王的老将对楚怀王说："项羽为人粗暴残忍，所过之地经常屠城。应该派一名长者引军进入关中，不欺凌百姓，关中才能平定。刘邦为人宽厚，可派他进攻关中，不要派项羽去。"于是，楚怀王只派刘邦西进，去取关中，而派项羽北救赵国。

刘邦一路东进，势如破竹，进入咸阳后，诸将纷纷进入府库，分财分物，只有萧何到藏书阁，将文书和地图都收藏起来。从此，刘邦对天下用兵的地理形势了如指掌了。

项羽北上救赵，大败秦军，章邯投降了。为了报复，项羽将投降的二十万秦兵全活埋了。

项羽救赵获胜之后，本应到楚怀王那儿去报到。但他为了给叔父报仇，又率军向关中杀来。

不久，项羽也进了咸阳。为了替叔父报仇，他竟下令屠城，杀了秦王子婴。接着，又放火焚烧秦宫，烈火冲天，浓烟蔽日，火烧三月不熄。雕梁画栋化为灰烬，藏书阁中的典籍也全烧光了。

项羽未入咸阳时，秦朝藏书阁中的典籍还保存着，因此萧何才有可能从中取出文书和地图。

一部秦史几乎全由西汉官吏来写。秦朝是西汉灭亡的，西汉官吏哪敢歌颂秦朝啊？于是秦始皇成了暴君，罪恶累累，罄竹难书，必须打倒，必须推翻。这是很自然的事。西汉人笔下的历史能有多少真实性可言，是必须推敲的。他们笔下好多历史人物必须反复研究，反复核实，还其本来面目。

下面再说坑儒：

坑儒故事原型见于《说苑》卷二十《反质》，讲方士侯生、卢生害怕继续留在秦始皇身边会遭杀身之祸，于是诽谤了一通秦始皇，然后一起逃跑了。秦始皇大怒，让御史坑杀了四百六十余名诸生。

《说苑》是西汉末年刘向辑录皇家和民间藏书中的有关资料，分类整理而成的。《说苑》一书属稗官野史之流，其中所记坑儒一事是不足信的。唐代史学家刘知几就曾在其所著《史通·杂说篇》中指责刘向"广陈虚事，多构伪辞"。

刘向是西汉经学家、文学家、目录学家，曾领校皇家秘室藏书。

《说苑》是刘向校书时根据皇家藏书和民间传说，按类编辑的先秦至西汉的一些历史故事，并夹有作者的议论，常常借题发挥，宣扬儒家的政治思想和道德观念。书中记载的史事，多与《史记》、《左传》、《国语》、《战国策》、《荀子》、《韩非子》、《管子》、《晏子春秋》、《吕氏春秋》、《淮南子》等书有出入。

"焚书坑儒"这个词在《史记》中没有出现，但《秦始皇本纪》记载了焚书与坑儒这两件事。《汉书·司马迁传》称赞他"善叙事理，辩而不华，质而不俚；其文直，其事核，不虚美，不隐恶，故谓之实录"。但是，他叙述"坑儒"事件时，基本上因袭《说苑·反质》取材的传闻，不是史实。因而缺乏细节，如被坑儒生的姓名、坑杀儒生的具体办法、详细地点等。

二百多年后，坑儒故事的细节才由东汉儒者卫宏杜撰出来了。卫宏是东汉光武时代人，爱好经籍，曾担任议郎。卫宏所撰《诏定古文官书序》中说：

"秦既焚书，患苦天下不从所改更法，而诸生到者拜为郎，前后七百人，乃密令冬种瓜于骊山坑谷中温处，瓜实成，诏博士诸生说之，人人不同，乃命就视之。为伏机，诸生贤儒皆至焉，方相难不决，因发机，从上填之以土，皆压，终乃无声。"

这段坑儒过程写得惊心动魄，却经不起推敲。

关中地区冬季气温经常达到 -10℃左右，即使种瓜于温泉附近，也只能让瓜籽发芽、爬蔓，但绝结不出瓜来。

再说，秦始皇贵为天子，生杀予夺。他既然认为诸生以古非今，犯罪该杀，根本用不着设下圈套，让自己背上一个欺诈的恶名。秦始皇坑儒的故事越传越离谱，越发不可信了。

有的学者认为，秦始皇即使真有坑杀之事，所坑杀的也绝不是儒生，而是骗人的术士。实际上，所谓"坑儒"，在中国历史上是很晚才出现的一种极不严谨的说法，《史记》里原本说的是"坑术士"，汉朝人伍被说是"杀术士"。到了宋代，治学严谨的司马光和苏东坡也都是说"屠术士"。

秦始皇没有焚书，更没有坑儒。

焚书坑儒

佛教的传入与传播

　　佛教从东汉时传入中国，经历了在中国的兴起、发展、繁荣、鼎盛等几个阶段。佛教在中国衍生出了各种分支，流传到不同地域。佛教在中国进行了本土化的过程，即禅宗最终成为中国佛教主流。佛教在中国的发展过程中，统治者出于政治目的或个人喜好，对佛教采取扶持或镇压的手段，以维护封建王朝的统治。

一、东汉佛教

　　一天夜里，汉明帝做了一个梦。

　　梦中，汉明帝看见一个金人，头上闪着白光，来到宫中。汉明帝问道："仙人是谁？从哪儿来？"那人没有回答，突然凌空而起，向西飞去。

　　汉明帝吃了一惊，吓醒了。只见寝宫的巨形蜡烛一闪一闪的，上面有一圈白光，很像梦中的金人。

　　汉明帝对着蜡烛出了一会儿神，又进入梦乡了。

　　第二天早晨，汉明帝上朝，将梦中所见讲给群臣听，然后问道："你们可知这金人是谁吗？不知此梦是吉是凶。"群臣听了，不知如何回答，这时博士傅毅出班奏道："陛下，臣听说西方有神，人们称之为佛。金人既然向西方去了，可能就是佛吧？当年，霍去病攻打匈奴时，曾把匈奴休屠王供奉的金人带回来献给武帝，武帝把金人供奉在甘泉宫里。据说，这金人是从天竺传到匈奴的。后来屡经战乱，武帝供奉的金人早已不知去向。陛下梦到的金人肯定就是佛，佛还有佛经。"汉明帝听了这些，心里觉得很好奇。想了一想，便命郎中蔡愔和博士秦景到天竺去求取金佛和佛经。

　　汉明帝是东汉第二代皇帝刘庄，汉光武帝刘秀的第四子。他在当皇子时就表现出了过人的智慧，不过十岁就通晓了《春秋》。

　　王莽篡汉，天下大乱，光武帝乘机起兵于河南南阳。

　　光武帝统一中国后，发现垦田亩数和人口对不上号，于是开始重新清查田亩，这就是历史上有名的度田事件。各州郡的官员进京汇报时，光武帝看到陈留吏的牍上写有"颍川、弘农可问，河南、南阳不可问"几个字，便问陈留吏这是什么意思。陈留吏吞吞吐吐回答说："不知道什么意思……"这时，帐后只有 12 岁的刘庄插话说："这是郡里的官吏，教陈留吏怎么核查土地。"光武

中国文化大事件

帝又问道："那为什么河南、南阳不能问呢？"刘庄又回答说："河南是帝乡，南阳是帝城，这两个地方的田亩肯定逾制，所以不能认真核查。"光武帝诘问之后，发现所言果然和刘阳一样。原来，河南南阳一带的大户不是皇亲，就是国戚，谁敢过问啊。从此，光武帝不得不对只有12岁的儿子另眼相看。不久，便立他为太子。

汉明帝即位后，一切遵奉光武旧制，总揽大权，执政严厉，热心提倡儒学，注重刑名。在他的细心治理下，天下大治。中国历史上著名的"明章之治"的"明章"，指的就是汉明帝和他的儿子汉章帝。

汉明帝做太子时，博士桓荣是他的老师。做皇帝后，汉明帝常去探望老师。他曾亲自到太常府去，让桓荣坐在东面，像当年讲学一样，聆听老师的指教。

汉明帝还将朝中百官和桓荣教过的学生数百人召到太常府，向桓荣行弟子礼。桓荣生病时，汉明帝派人专程慰问，甚至亲自登门探望。每次探望老师时，汉明帝总是一进街口便下车步行，以示尊敬。进门后，汉明帝拉着老师枯瘦的手默默垂泪，良久才离去。诸侯、将军、大夫见皇帝如此敬师，再也不敢乘车直到门前，进门后都在床前下拜。

桓荣去世时，汉明帝换了衣服，亲自临丧送葬，并将其子女作了妥善的安排。

天竺也叫身毒，是佛教创始人释迦牟尼的家乡。释迦牟尼降生那年，正是我国周灵王十五年（公元前557年）。释迦牟尼原是太子，从小安享富贵，也娶了妻，生了子。因他同情百姓，所以常常微服私访。在私访中，他看到老人和病人太苦了，尤其是人死时更是苦不堪言。他想："这一切都是由生引起的，如果没有生，怎会有病、老和死呢？因此，人生的苦就是'生老病死'。"

为了让人类摆脱生老病死之苦，释迦牟尼抛弃了太子之位，离开王宫到深山里去冥思苦想，决心为人类琢磨出摆脱生老病死之苦的办法。

经过十六年的潜心研究，释迦牟尼终于形成了自己的学说，这就是佛教。

佛教认为一切行为有因必有果，行善作

佛教的传入与传播

95

恶都有报应。一切生物，从人到昆虫，都有佛性，只要行善，就能立地成佛。

佛教劝人行善，因而受到广大人民的喜爱，信教的人越来越多了。

佛教在传入中国之前，已经传进了匈奴。

蔡愔和秦景一行前往天竺，行至大月支时便取到了佛经，于是便用一匹白马驮回来一幅佛像和四十二章佛经，还带回来两位高僧——摄摩腾和竺法兰。

汉明帝热情地接待了两位高僧，让他们住在专门接待外国使臣的鸿胪寺里。

后来，汉明帝将鸿胪寺改为白马寺，让两位高僧做了住持。因驮经的白马

中国文化大事件

养在寺中，故称"白马寺"。

两位高僧在白马寺中将四十二章佛经译成中文。这样，佛教便传到中国了。

摄摩腾又称迦叶摩腾，他和竺法兰都是印度人。他们来华前，印度佛教已有大乘和小乘之分了。所谓"乘"是"乘载"之意。佛教认为人生是一望无际的苦海，须用乘载的工具才能渡过苦海，求得解脱。大乘和小乘是一种形象的说法，大乘意为大的乘载工具，小乘意为小的乘载工具。大乘佛教是在印度佛教发展到一定阶段才出现的教派，为了使自己与原来的传统佛教相区别，遂自称大乘，而将原来的传统佛教称为小乘。除对释迦牟尼的看法和对佛教的一些基本教义理解不同外，大乘佛教和小乘佛教的主要区别在于宗教修行的手段不同和企望的目的不同。小乘注重印度古老的宗教修行传统，即以体力修行为重；大乘在宗教修行上注重启发修行者的智慧，主张体力修行与启发智慧并重。小乘认为人只能灭身灭智自渡苦海，而大乘则要求大慈大悲普度众生。小乘认为个人修行的最终结果不会达到释迦牟尼修行所达到的层次，即修行的结果不会成佛，只能修成罗汉真身；大乘认为个人修行不但能成为罗汉，而且能成为比罗汉高一级的菩萨，甚至修成佛。

摄摩腾和竺法兰通晓大乘佛经和小乘佛经，来华后不久便开始翻译佛经了。

东汉末年，汉桓帝、汉灵帝在位时，佛经翻译及流行的具体情况开始大量见于史籍。当时来华的一些著名胡僧，如安息（在今伊朗高原）人安世高、大月氏（在今中亚）人支谶等人译出了大量佛经，使佛教的影响逐渐扩大。

整个东汉时代，朝廷规定不允许汉人出家。东汉末年，汉人出家的禁令被打破。第一个出家为僧的人严浮调（也作严佛调）原籍安徽临淮，自幼聪慧，秉性纯朴，嗜读好学，出家后与安息胡僧安玄共设译场，翻译了许多佛经，十分有名。

由于佛经的大量翻译和佛教的流行，汉人对佛教的理解加深了。但佛教作为域外宗教，要在中国扎根绝非容易之事。因此，早期佛经在翻译时总是借助于儒家思想和道家思想来阐述佛教的教义。东汉末年流行的《牟子理惑论》是汉地知识分子所撰，书中反映了汉地知识分子对佛教的理解。书中解释什么是佛时，说佛是一种谥号，和中国传统的三皇五帝的名称一样。这种说法是用儒家的传统来解释佛。书中在解释佛的具体特性时，说佛是道德之元祖，能变化分身，或存或亡，能大能小，能圆能方，能老能少，能隐能显；还能蹈火不燃，履刃不伤，入污泥而不染，遇祸患而无殃；佛欲行则飞，静坐则浑身放光。所谓"道德之元祖"是道家崇奉老子之言，所谓佛的各种法力同战国以来阴阳家描述的神仙极为相似。

直到东汉末年，在中国人的心目中，佛教只是类似当时人们崇拜的黄帝、老子之道。这一认识集中反映在东汉桓帝佛老并祠的宗教活动中。

东汉桓帝刘志有宫女数千人，过着花天酒地、醉生梦死的生活。为了延年祈福，他极端迷信宗教，企图通过宗教祭祀活动来得到神灵的护佑。他在宫中仿效祭天的仪式多次祭祀黄老，设华盖八座，用纯金器和纯银器盛酒，用牛羊豕三牲求福求寿。汉桓帝在祭黄老的同时，也在宫中祭佛。

佛教僧侣一方面借助中国社会固有的神仙方术扩大影响，一方面加紧了佛经的翻译。东汉末年，佛经的翻译仍以外来僧人为主，只有少量的汉地僧人和居士协助，从事一些辅助性的工作。译经在民间进行，没有直接得到政府的支持。随着译经的不断发展，佛教的影响进一步加深，流行的范围也越来越广了。

二、三国魏晋南北朝佛教

　　曹操死后，他的儿子曹丕逼汉献帝禅位，建立了魏朝，史称曹魏。曹魏时，佛教与黄老曾一度被明令禁止。到了曹丕的儿子魏明帝在位时（227 年—240 年），禁令被废除了。

中国文化大事件

　　汉末天下大乱时，名僧大月氏人支谦为了躲避战祸到了东吴。吴主孙权听说支谦博学多才，立即召见，向他请教有关佛教的义理。支谦旁征博引，十分透彻地解释了佛教教义，使孙权深受启发。于是，孙权拜支谦为博士，并让他辅导太子孙登研习佛法。

　　后来，司马懿的孙子司马炎取代曹魏，建立了晋朝，史称西晋。西晋时期，北方佛教活动以洛阳和长安为中心。洛阳城内大建佛寺，共建了四十二所。

　　西晋士族从佛教中寻求精神寄托，皇室中有些人也开始信佛，佛教因此得以进一步流传和发展。

　　西晋灭亡后，晋元帝在江南建立了东晋。晋元帝擅长书画，尤其善于画佛像。他每日作画不辍，所画佛像或立在宫中供奉，或赐给大臣供奉。

　　晋元帝死后，东晋诸帝中有些帝王开始信佛了。

　　晋成帝咸康六年（340 年），中书监庾冰认为佛教沙门晋见皇帝时只唱诺不跪拜不符合儒家礼教，于是上书晋成帝，力主沙门应向皇帝跪拜，而尚书令何充等人则上书说沙门不应向皇帝跪拜。为此，晋成帝命礼官主持会议，让群臣详议此事。在辩论过程中，庾冰等人认为忠君乃国家纲常，无论何人都要向皇帝跪拜，如果沙门不向皇帝跪拜，于维护三纲五常十分不利，会影响国家的稳定；何充等持反对意见者都是虔诚的佛教徒，他们说佛教传入中国后，历经各代，沙门均未曾向皇帝跪拜。皇帝要尊重佛教礼仪，不能令沙门屈膝跪拜。在反复权衡双方意见后，晋成帝觉得沙门应该向皇帝跪拜，于是让庾冰代为拟诏，以皇帝的权威强令沙门向皇帝跪拜。他在诏书中说无论佛教沙门，或一般民众，

98

皆为晋朝之民，都要谨遵礼法，向皇帝跪拜。

诏书颁布后，何充等人继续抗争，接连两次上书晋成帝，申述沙门不应向皇帝跪拜之理。何充等人说佛教有利于帝业，有利于巩固封建统治秩序。他们说佛教主张五戒：不杀生，不偷盗，不邪淫，不饮酒，不妄语，这使人心灵净化，德行端良，有助于王化，应该加以肯定。何充等人赞扬佛教沙门从事法事活动，每日烧香礼赞，祈祷佛法福佑帝王，其虔诚之情极为感人。佛教沙门大慈大悲，救苦救难，有求必应，普度众生，是不同于一般臣民的。

晋成帝见何充等人接连上书，似乎言之有理，便不知所措，此事最终没有得到解决，只得不了了之。

晋成帝之后，晋哀帝崇尚佛法，多次请高僧入宫讲经。

晋简文帝也尊崇佛教，多次亲临瓦官寺聆听高僧讲经。

晋孝武帝于殿内设立精舍，即佛寺，请沙门居住，常与沙门秉烛夜谈。

东晋最后一个皇帝恭帝极信佛教，曾用数千万铜钱铸造了一个一丈六尺高的佛像。

这样，封建帝王与佛教的联系进一步加深，佛教逐渐成为社会中的普遍信仰了。

从东汉开始，西北边陲地区的许多少数民族逐渐内迁，在黄河流域的北方广大地区同汉族杂居。在这些民族中，比较大的有匈奴、鲜卑、羯、氐、羌五族，史称"五胡"。

西晋末年，统治集团内部争权夺利，斗争愈演愈烈，爆发了八王之乱，西晋已是名存实亡了。晋惠帝永兴元年（304 年），匈奴贵族刘渊起兵自称汉王，后又称帝，建立了后汉政权，开始了灭晋战争。其子刘聪即位后，攻陷了洛阳和长安，终于灭了西晋。

晋室贵族南渡长江，在江南重建晋王朝，史称东晋。

从此，五胡在长江以北的广大地区相继建立了许多割据政权，史称五胡十六国。

佛教的传入与传播

五胡十六国的统治者大多尊崇佛教。其中，羯人建立的后赵、氐人建立的前秦、匈奴人建立的北凉和羌人建立的后秦崇佛比较突出，从而使佛教在中国北方的广大地区迅速传播开来。

后赵皇帝石勒在攻掠诸郡时，以滥杀树威，佛教沙门也深受其害，被杀者甚多。这时，有一个名叫佛图澄的西域和尚取得了石勒的崇信，被尊为大和尚。他劝谏石勒说："国君若实行仁德之政，亲爱其民，则日月星辰就呈瑞象，否则上天就出现凶象。天与人之间是有感应的，身为国君，应该行善积德，慈悲为怀，不可滥杀无辜。"石勒听后，有所节制，不再滥杀无辜了。

石勒死后，其养子石虎废石勒之子石弘，自立为帝，迁都于邺（今河南临漳）。

石虎也以暴虐滥杀著称，甚至比石勒更甚，佛图澄总是想方设法进行劝谏。石虎当政后，经常向佛图澄问什么是佛法，佛图澄回答说："佛法即是不杀。"石虎担心地问："我为天下之主，不杀就不能肃清域内，这样还能成佛吗？"佛图澄回答说："帝王敬奉佛教，不害无辜。至于那些凶顽无赖，无法教化者，有罪不得不杀，有恶不得不用刑。所以，杀人要杀那些该杀的人，刑罚也要用在那些该用的人身上。如果恣意暴虐，杀罚那些无罪的人，虽然信奉佛教，也不能成佛。希望陛下慈悲为怀，放下屠刀，立地成佛。"石虎在佛图澄的劝谏下，总算放下了屠刀。石虎下诏，凡后赵一切民众皆可信奉佛教，皆可自愿出家为僧。石虎的这道诏书，开了朝廷明令民众出家为僧之始。

在佛图澄的努力下，佛教传入中国后第一次被纳入封建帝王的保护之下。在后赵政权统治下的广大地区，寺院遍布，为佛教在中国北方的继续发展打下了良好的基础。348年，佛图澄死于邺宫寺，享年117岁。

这时，氐人在关中建立的前秦政权日益强大。357年，符坚即位，重用汉族人士改革政治，基本统一了北方。符坚崇信佛教，与当时著名僧人道安交往甚密，并以道安为高级军政顾问。

道安俗家姓卫，常山（今河北正定）人，7 岁开始读经，通晓儒家《五经》之义。年 12 出家为僧，游学于邺，遇佛图澄，深得赏识，遂拜佛图澄为师。

佛图澄死后两年，前赵灭亡，道安定居襄阳（今湖北襄樊），长达 15 年。他广泛接触社会各界人士，弘扬佛法。他还招收了众多弟子，并与弟子一道翻译了大量佛经。他根据印度佛教典籍的有关内容制定了《僧尼规范》，为中国历史上寺规之始。

道安的宗教活动扩大了他在北方佛教界和社会上的影响。苻坚久闻道安大名，经常对大臣说："襄阳道安是有德高僧，如果有机会的话，一定要请他来辅政。"

379 年二月，苻坚之子苻丕攻陷襄阳，俘获东晋守将朱序，并把道安礼送到前秦首都长安（今陕西西安）。道安到达长安后，苻坚大喜，赏他很多东西。

道安住进长安五重寺，该寺为长安城中最大的寺院，有僧众数千人，道安成了前秦最高佛教领袖。

从魏晋以来，佛教沙门或依国为姓，或依师为姓。道安认为沙门之师莫尊于释迦牟尼，因此主张凡沙门均应以"释"为姓。他的这一主张得到了一致的认可，此后和尚出家皆以"释"为姓了。这对增强佛教僧侣的宗教意识、巩固佛教的内部团结方面起了积极的作用。

道安利用苻坚的支持，在长安设译场，翻译了大量的佛经。道安亲自翻译的佛经共有二十部 28 卷，他还撰写了十五篇经序。道安在组织和主持译经的过程中，提出了"五失本，三不易"。所谓"五失本"，指佛经翻译过程中，必须注意的五种失去或改变原经内容的情况。"三不易"指佛经翻译中要使译文适合时代、适合信徒的接受能力、符合佛经原意这三种目的是极不容易的。"五失本、三不易"为佛经翻译工作提出了指导性的原则，并为后世的佛经翻译提供了正确的方法。

淝水之战后，北方各族纷纷起兵进攻前秦。苻坚建元二十年（384 年），鲜卑人慕容冲聚众攻打阿房宫，逼近长安。情势危急，苻坚凡事都要向道安求教。次年二月，道安圆寂。五月，前秦灭亡了。

早在前秦建元十七年（381年），鄯善（今新疆蜡羌）国王、车师前部（今新疆济木萨尔）王及于阗国（今新疆和田）王等西域六十二国的国王到长安，向苻坚朝贡，请苻坚西征龟兹（今新疆库车），表示愿作向导。于是，苻坚派大将吕光率军七万西征。吕光临行前，苻坚特别嘱咐说："听说龟兹高僧鸠摩罗什佛法高深，将军若克龟兹，一定要将他送到长安来。"

吕光奉命出师后，于建元二十年（384年）打败龟兹，龟兹王被杀，吕光立其弟为新王。

这时正是淝水之战后的第二年，前秦土崩瓦解，因此吕光没有班师，而是留在西域静观事态发展；也没有将鸠摩罗什送往长安，而是将他留在自己身边。

鸠摩罗什祖籍天竺，祖上世代出任国相。其父鸠摩炎在将袭任相位时辞官出家，东渡葱岭，被龟兹国王迎为国师，后又被国王选为妹婿。龟兹佛教盛行，王妹生下鸠摩罗什之后不久便出家为尼，鸠摩罗什本人也于7岁开始学习佛经。鸠摩罗什天资过人，竟能日诵千偈。9岁时，鸠摩罗什随母亲离开龟兹，辗转到了罽宾（今克什米尔），接触了大量小乘佛经，佛学造诣日益提高。十岁时，罽宾王请他入宫与外道辩论。他雄辩滔滔，取得胜利，受到了罽宾王的特别赞赏。12岁时，鸠摩罗什又随母亲返回龟兹，途径月支（今巴基斯坦白沙瓦一带）山北，入沙勒国（今新疆喀什）住了一年，又接触了大乘佛经，水平又有极大的提高。此后，鸠摩罗什随母亲到龟兹西邻的温宿国（今新疆温宿），在与外道的辩论中又获大胜，从此声名远播。于是，龟兹国王将他母子二人迎回国内。

鸠摩罗什回龟兹后，经常讲经说法，宣传大乘佛教教义，使龟兹原来流行的小乘佛教被大乘佛教所取代。20岁时，鸠摩罗什正式受戒出家。不久，母亲回了天竺，临行前叮嘱他要继续弘扬佛法，尤其要向东方传教。由于他在龟兹佛教界的声誉和高深的佛学造诣，龟兹王特地为他造了金狮子座，上铺大秦锦褥，请他升座说法。一时西域诸僧均来龟兹，为的是聆听鸠摩罗什宣讲佛法。从此，鸠摩罗什的大名不胫而走，传遍西域，也传到了中原。

鸠摩罗什牢记母亲临别的叮嘱，一直等待机会向东方传播佛教。

中国文化大事件

吕光攻克龟兹后，鸠摩罗什取得了吕光的信任，成为吕光的军政顾问。当时，吕光想留在西域称王，鸠摩罗什劝他说："龟兹乃凶地，不宜久留。河西中路有福地，将军何不东归避凶趋福呢？"于是，吕光带着鸠摩罗什率军东归。385年，吕光于东归途中打败了前秦凉州刺史梁熙，进入姑臧（今甘肃武威），自领凉州牧。次年，吕光听说符坚已死，便自称大将军、凉州牧、酒泉公，并建年号太安；后又改称三河王，不久便建立后凉国，自称为大凉天王。

后凉吕光及其后继者并不信佛，也不鼓励鸠摩罗什译经，只是把他作为能占卜吉凶和预言祸福的方士。

淝水之战的第二年（384年），原前秦将领姚苌拥兵自立，于渭水之北建立了后秦政权，曾使人到后凉邀请鸠摩罗什，但后凉吕氏认为鸠摩罗什足智多谋，恐其为姚苌出谋策划，因此拒绝了后秦的邀请。姚苌死后，其子姚兴继位，又使人前去邀请鸠摩罗什，吕氏仍不肯放行。姚兴大怒，立即派遣陇西公姚硕德率军攻打后凉，用武力迎请鸠摩罗什。结果后凉大败，只得上表请降，58岁的鸠摩罗什这才被迎请到长安。

后秦主姚兴自幼崇拜佛教，派人将鸠摩罗什迎入长安后，待以国师之礼，请他在逍遥园译经说法。姚兴常去听鸠摩罗什宣讲佛经，甚至亲自参与译经。姚兴认为佛教义理深邃，行善是脱离苦海的轻舟，是治世的要道。他在支持鸠摩罗什译经说法的同时，还亲自接受鸠摩罗什的指导，参与读经、修禅和著述活动。在鸠摩罗什的指导下，姚兴曾著《通三世论》《通不住法住般若》《通圣人放大光明普照十方》《通一切诸法空》等书，对佛教的一些基本教义进行了阐述。他在《通三世论》中论述了过去世（前生）、现在世（今生）、未来世（来生）三世的真实

存在，以阐明佛教的因果报应和三世轮回的基本教义。他的这一理论是针对刚刚兴起的大乘佛教主张一切事物或现象都虚幻不实，即所谓诸法皆空而提出来的。按大乘佛教的说法，诸法皆空，三世也就不存在了。姚兴说如果否定了三世实有，就等于否定了三世轮回的教义。因此，他主张三世是真实存在的，其中过去、未来两世虽然眼睛看不见，但在道理上是有的，正如木头中看不见

火，而一旦条件具备，它就会着火一样。鸠摩罗什没有反驳姚兴的观点，只是说从佛教的第一义谛（也称真谛，指最高真理）来说，诸法皆空；但从佛教所谓的俗谛来看，一切皆有。不能将二者绝对地对立起来，而是要将二者结合起来进行思考，此即佛教所谓的中观或中道，这样才符合佛教义理。

受姚兴影响，后秦各级官吏都信佛了，并撰写了一些有关佛教的文章请鸠摩罗什改正。这就使佛教在中国北方得以进一步地流传与发展，以致长安城内僧尼增至万余人。为了实行朝廷对佛教的管理，在鸠摩罗什的建议下，姚兴设立了管理全国僧尼的行政机构，任命鸠摩罗什的弟子僧磬为管理僧尼的最高僧官，即僧正。这一管理机构作为国家行政部门，是中国佛教史上首次由朝廷设立的僧官管理机构。

鸠摩罗什在后秦生活了 11 年，共译佛经 35 部，计 290 卷，并培养了许多弟子，著名的有道生、僧肇等。这些弟子在佛教的发展中都曾发挥过一定的作用。

鸠摩罗什在后秦组成了以他为中心的庞大的僧侣集团，尽管这一僧侣集团在当时的主要任务是译经、说法和传教，但它在一定意义上影响了世俗的政治统治。

淝水之战后，前秦统治下的各民族乘机自立，其中鲜卑族首领拓跋珪于 386 年在牛川（今内蒙呼和浩特附近）大会鲜卑诸部，自称代王，复兴代国。不久，拓跋珪迁都盛乐（今内蒙和林格尔），改国号为"魏"，史称北魏。398年，拓跋珪称帝，史称道武帝，把都城从盛乐迁到平城（今山西省大同市），模仿长安、洛阳、邺郡把平城建得富丽堂皇。这时，北魏已经进入封建社会，成为黄河流域最强大的国家了。

在拓跋珪的统治下，北魏的政治、经济、文化都得到了迅速的发展。到他的孙子太武帝拓跋焘即位时，北魏终于灭了十六国中仅存的夏、北燕、北凉三国，统一了北方。北魏建于 386 年，亡于 557 年，历经 16 帝，统治中国北部长达 172 年。历史上南北朝中的北朝，主要指的就是北魏，还包括北魏之后的东魏、西魏、北齐、北周。

道武帝好读佛经，特别注意礼敬僧人。僧人法果为了弘扬佛法，大谈道武帝乃当世如来，要沙门向道武帝行大礼。道武帝大喜，让法果担任沙门统，掌管天下僧人。过去，沙门不向皇帝行大礼，法果说，道武皇帝乃当今如来，沙门礼敬他，乃是礼敬如来。这是一种既坚持原则又具有灵活性的让步，为佛教继续发展开辟了道路。

北魏道武帝下诏在京城建寺修塔，使佛教信徒和出家僧人有了活动和居住的场所。

北魏道武帝死后，其子拓跋嗣继位，为北魏明元帝。明元帝继承父亲遗志，崇黄老，敬佛法，不仅广建佛寺和佛塔，还要求沙门帮助他引导民俗，以佛教作为统治工具。对于高僧法果，明元帝更是优礼有加，多次下诏授法果为辅国宜城子、忠信侯、安成公等爵号。这是中国历史上由封建皇帝加封僧人爵号之始。

北魏道武、明元二帝对佛教的尊崇，使北方佛教势力大增。

424 年，北魏太武帝拓跋焘继位后，经常与高僧谈佛论法，并于 4 月 8 日佛诞日用车载佛像游行，自己则亲登门楼散花致敬。

北魏占领了广大地区，为了巩固统治，必须要有足够的人服兵役、徭役和缴纳租税。而沙门免兵役、徭役和租税，严重影响了国家的兵源和财力。因此，北魏太武帝于太延四年（438 年）让沙门 50 岁以下者还俗。

太武帝注重儒学，崇信道教，想用中原地区先进的文化传统和政治制度巩固政权，争取汉人的支持。道士寇谦之通过太武帝宠臣崔浩将有关道书上献朝廷，说太武帝是太平真君转世，应登坛受符，使天下进入太平盛世。太武帝大喜，改年号为"太平真君"，并亲登道坛受符。在寇谦之等人的煽动下，太武帝开始排斥佛教了。

太平真君六年（445 年），卢水胡人盖吴在陕西率众起义，陕、甘地区的汉、胡人民纷纷响应。次年，北魏太武帝御驾亲征，进驻长安。一天，太武帝发现长安一座佛寺里藏有兵器，又在该寺中发现了大量的

酿酒器具及富人寄存的许多财物，该寺地下还藏匿许多美女。太武帝大怒，在崔浩的建议下，下令诛杀沙门，焚毁佛像。佛教沙门无论少长，全部坑杀，绝不留情。这样，北魏境内再也见不到沙门的影子了。

北魏太武帝此次灭佛，是佛教传入中国后所遭受的首次灭顶之灾。

北魏正平二年（452年）太武帝被太监所杀，其子即位后又被太监所杀。其孙文成帝拓跋濬即位后，下诏恢复佛教。他在复兴佛法诏书中赞扬佛教助王政、益仁智、斥邪僻、开正觉，并把太武帝灭佛之举说成是各级官吏错误理解皇帝圣旨所致。

文成帝命令各州郡县广建佛寺，允许百姓出家，出家人数规定大州50人，小州40人。

文成帝在恢复佛法的同时，还为佛教的发展提供了经济来源。他于和平初年（460年—465年）任命高僧昙曜为沙门统，主管全国佛教事务。昙曜奏请文成帝，允许那些被掳来从事耕地的民户每年向朝廷管辖僧寺的机构上缴60斛粟，供作僧曹费用，文成帝准奏。

昙曜在任沙门统期间，在平城主持开凿了五所石窟，每个石窟中雕造一座佛像，高的70尺，低的60尺。这是大同云岗石窟营造之始。

北魏文成帝死后，献文帝、孝文帝、宣武帝、孝明帝等人都信佛。他们大建佛寺，举行法会，营造石窟。北魏末年，境内计有僧尼二百万人，佛寺三万余所。北魏佛教虽遭到太武帝的禁毁，但恢复速度之快出乎人们的意料，说明佛教已经具备了扎实的社会基础。

北周武帝时，北周境内有佛寺一万多所，和尚、尼姑二百多万人。这些人不劳而食，还享受不纳税、不服徭役的特权，成了社会的寄生虫。掌管寺院的和尚成了大地主，许多农民受不了苛捐杂税的盘剥，往往带着土地投靠佛寺，受着寺院的残酷剥削。

北周武帝的父亲宇文泰和两个哥哥都是佛教信徒，他本人因受家庭影响，小时候也信佛。

中国文化大事件

北周武帝即位后，关中大旱，出家后还俗的卫元嵩上书周武帝，提出灭佛的主张。他说："唐尧虞舜时，没有佛教和寺庙，国家很太平，被称为太平盛世；而南朝的齐、梁两朝寺庙很多，却很快就亡了国，这是值得引以为戒的。陛下要想使国家强盛起来，对那些拥有巨额财富的和尚不能和穷人一样看待。穷人交纳赋税，可以不服兵役；那些有钱的和尚必须向国家交纳赋税，服兵役，不服兵役就要增交免役费。这符合佛教的平等思想。"

周武帝看了卫元嵩的信，高兴地说："卫元嵩说得好，正合朕意。"于是，他采纳了卫元嵩的建议，叫各地寺院除了留足自己吃的粮食以外，多余的都要拿出来赈灾。

不料，有钱有势的僧侣地主不肯把粮食拿出来救灾，反倒乘机放高利贷，兼并土地，大发横财。

周武帝见和尚横行不法，便下令禁佛，没收关、陇、梁、益、荆、襄等州僧侣地主的土地和寺院财产，充作军费；销毁铜佛像和铜钟、铜磬等，用以铸造铜钱和武器。将近百万的僧侣和受寺院剥削的农户编为均田户，去开荒种地。将那些适龄的征去当兵，扩充军队。

周武帝宣布灭佛，有的和尚威胁他说："禁佛是要下地狱的。"周武帝坚定地说："只要百姓得到快乐，我愿受地狱之苦。"周武帝灭佛，打击了僧侣地主，使国家增加了物质财富，发展了生产，相对地减轻了人民的负担，为消灭北齐、统一中原创造了条件。

周武帝灭佛，一些虔诚的僧人或混迹民间，或逃往山林，或渡江南逃。北僧南逃在客观上促进了南北朝佛教的交流。

晋室南渡后，魏晋玄学的余波波及江南，人们皆喜谈玄论道。在这种文化背景下，佛教在南朝的发展显示出注重义理的特征。

南朝佛教注重理论的发挥，因而和中国传统思想文化发生了冲突。围绕华夷、因果、形神等问题，佛教与中国传统思想文化展开了争论。

东晋恭帝元熙二年（420年），晋王朝被其大将刘裕所取代。刘裕称帝，国号为宋，

史称刘宋。在不足二百年的时间内，宋、齐、梁、陈四朝迭相更替，与北魏南北对立，史称南北朝。南朝社会很不稳定，佛教却在南朝得到了较大的发展。

刘裕代晋前，常与僧人交游。有个名叫法称的和尚曾到处散布说："嵩神告诉我说刘将军乃汉家苗裔，当受天命而君临天下。"这是刘裕借和尚之口为自己篡位制造舆论。刘裕称帝后，特别礼遇僧人，特别尊崇佛教。

刘裕死后，其子刘义隆继位，史称文帝。文帝极重文教，设立四学，一为

儒学，命雷次宗主持；一为玄学，命何尚之主持；一为史学，命何承天主持；一为文学，命谢元主持。这四学中虽无佛学，却内含佛学。刘义隆将佛教义学附于玄学，佛教所论的因果、形神、顿悟、渐悟等问题均为玄学的理论主题。这就在客观上给佛教以一定的地位，使佛学的理论得到了发展和普及。

刘宋文帝对大臣说："我不敢反佛，这是因为一些贤达之士都信佛，他们关于佛学的一些议论和文章充分说明佛教极有利于王化。如果普天之下的人都信佛，那朕就可以坐享太平了。"

在刘宋文帝的倡导下，晋宋之际名士谢灵运作《佛影铭》《佛赞》《辨宗论》等，称颂佛法高深。他在《辨宗论》中，大力宣扬了佛教的顿悟学说。

原来，佛教传入中国后，基本上主张人们必须经过长期的修习才能悟道。南北朝时，僧人竺道生提出无须长期修习，一旦把握了佛教的真谛，即可突然觉悟。这种觉悟被称为顿悟，而以前那种悟道被称为渐悟。刘宋文帝时，竺道生的顿悟说刚提出不久，佛学界许多人持反对意见。谢灵运乘文帝广开言路之机，大力宣传顿悟说，实际上是要求佛教建立更为世俗化的方便快捷的修行法门。如按渐悟说，须经长期修习才能觉悟，是士人所不容易接受的；若不须经长期修习即可把握真谛，即可觉悟，这是士人所企盼的。谢灵运宣传顿悟是适合中国传统思想文化背景而提出的佛教进一步中国化的妙招。

何承天为四学之一史学的主持人，曾著《达性论》反对佛教的众生论和轮回说。

何承天认为佛说一切有情，包括动物、植物在内称为众生是荒谬的，天地

中国文化大事件

之间以人为贵，不能和动物、植物相提并论。

佛教主张因果业报，大讲六道轮回，人之善恶决定了人要在天、人、阿修罗（魔鬼）、地狱、饿鬼、畜牲六道中轮回。何承天认为这种说教是荒谬绝伦的，凡人有生必有死，人死则神散，和自然界的春荣秋枯一样，哪会有什么六道轮回呢？

何承天的观点在当时颇为新颖，曾引起震动。针对何承天的观点，颜延之著《释达性论》进行反驳。他说佛教所谓众生是庶类的总号，因此人类之外当有众生。另外，人在气数之内无不感应，因果施报之道无有不应，因此此生之外当有来生，应再受形，此为轮回。

何、颜二人的争论最后由刘宋文帝裁定。刘宋文帝认为《达性论》阐明了儒家之教，不失为得力之作；而《释达性论》阐明佛法，尤为至理。宋文帝虽对二者采取了模棱两可的态度，但作为封建帝王，能够广开言路，使思想界十分活跃，确属难能可贵。

沙门慧琳著有《白黑论》，认为儒、释二教殊途同归。佛教界认为慧琳贬黜释氏，要将他逐出僧团。刘宋文帝读过《白黑论》后，十分欣赏，并请慧琳参政，成了宋文帝的黑衣宰相。

慧琳的《白黑论》虚构了白学先生和黑学道士问答，白学先生指儒者，黑学道士指僧人，因为当时僧人一般都穿青色衣服。慧琳认为儒、释各有长处，可以并行齐立，体现了佛教在中国流行的客观要求，此观点不失为真知灼见。但慧琳身为沙门，竟在《白黑论》中称佛教所说的因果报应、生死轮回等观点纯属虚妄，不符合事实。结果，引起了佛教界的不满，被斥为异端，由于刘宋文帝的袒护，慧琳在佛教界并未受到伤害。

当时著名的佛教居士宗炳根据自己的见解，著《明佛论》一文，对《白黑论》作了详细的批驳。他认为儒、释、道三教之中，佛教最高深最精细，佛经包括了儒家的五典之德，包括了老庄的自然之道，因此说佛教是圣人之教，它包容了儒、道的中心内容，又超越了儒、道二教。儒家讲治国安邦之道，道家讲寡欲无为之教，都没有

佛教的传入与传播

109

超越人生，而佛教讲的是精神不灭，人可成佛，是儒、道二教无法比拟的。儒、释、道三教对维护封建统治都有利，如果皇帝以儒学治国，以佛教养神，就可以成为明君，死后还可以灵魂超升，经过轮回，世代为王。宗炳系统地驳斥《白黑论》，大肆宣扬精神不灭，鼓舞了人心，给各层次的人都带来了希望。

　　刘宋文帝在位三十年，允许佛教存在。只要佛教不影响他的统治，他是较为宽容的。元嘉十五年（438 年），丹阳尹萧摹之上书说："佛教传入中国，已历四代，佛像寺塔所在千数，俗人不以精诚为志，而以奢侈为重，所费竹木铜彩无数，有累于人事。因此，今后凡欲铸铜像及造寺塔者，皆应列报官府，不得私自而为。"刘宋文帝见书后，深以为然，因此下诏整饬僧门，使全国范围内超额的僧尼还俗。

　　当时，江南共有佛寺一千九百余所，僧尼约三万六千余人。刘宋文帝此次整饬僧门，意在佛教的存在与发展不能影响他的政治统治。

　　宋末齐初，顾欢作《夷夏论》，认为佛道同本共源，说老子出关后，至天竺降生为佛。佛道二教虽然同本共源，也有差异与优劣，道教最适合华夏民族，而佛教则是夷狄之教，因此要辨华夷而施教，在中国推广道教比扶植佛教对维护封建纲常更为有力。同时，因二教同本共源，所以不主张彻底否定和排斥佛教。《夷夏论》在宋末齐初曾引起了巨大的反响，遭到佛教徒的强烈反对。

　　南朝齐末，有道士著《三破论》批评佛教，认为佛教入国而破国，入家而破家，入身而破身。他说佛教一派胡言，耗财害民，使国空民穷，于国于民，无益有害，此谓入国而破国；佛教要求人离家为僧，抛弃父母，不孝不悌，于纲常人伦无益有害，此谓入家破家；佛教让人出家为僧，有剃发之苦，有断子绝孙之罪，此谓入身而破身。《三破论》在当时引起了较大的反响。我国古代著名文学理论家刘勰曾著《文心雕龙》五十篇而闻名于世，晚年却出家为僧，法名慧地，还针对《三破论》写了一篇《灭惑论》，对《三破论》的主要观点进行了批驳。

　　整个南朝，围绕佛教的一些争论从未停止过。齐、梁间范缜著有《神灭论》，批判佛教精神不灭、因果报应、生死轮回等理论，深入人心，发人深省。

这是佛教传入中国后，与中国传统思想文化冲突的必然表现。

梁武帝萧衍大力提倡佛教，规定佛教为国教。佛教宣扬说：只要规规矩矩，虔诚地吃斋念佛，死后就可以进极乐世界；如果不遵守国家法律，犯上作乱，死后就要下地狱，遭受无穷之苦。

梁武帝认为佛教有利于他的统治，因而让国人都信佛，他自己对佛也十分虔诚。他经常手里捻着念珠，嘴里诵经念佛。

梁武帝在建康建了一所同泰寺，每天早晚到寺里去拜佛念经。为了方便往来，他特地在宫城开了一座城门，可以直通寺门。

在梁武帝的提倡下，国内大建佛寺，大批的人出家当了和尚、尼姑。仅建康一地就有七百所佛寺，十多万和尚、尼姑。

梁武帝曾几次表示不愿意做皇帝，要出家去当和尚，把帝位传给儿子。他先后四次斋戒沐浴，到同泰寺去舍身，即把身体施舍给佛。他每次舍身之后，大臣都要拿一大笔钱把他赎回来。他舍身四次，大臣们把他赎回四次，总共耗资四万万钱。

在梁武帝最后赎身回宫的那天晚上，同泰寺突然发生火灾，佛塔被烧毁了。梁武帝说："这是魔鬼干的坏事，应该做法事来镇压魔鬼。"于是，他下诏说："道越高，魔也越盛，行善事一定会遇到障碍。应该重建佛塔，把新塔修得比旧塔高一倍，才能镇住魔鬼。"他召来大批和尚、尼姑做法事，给他们吃上等的素斋，消耗了上万斤香烛，念了好几天经，又叫大臣跟他一起烧香磕头。然后，他派出大批工匠，上山采石伐木，花了无数钱财，用了好几年时间，建起了一座 12 层的佛塔。

尽管梁武帝把佛塔修得高而又高，礼佛也极其虔诚，但他并没有好下场。不久，发生了侯景之乱。侯景率军攻入建康，把梁武帝软禁起来，将他活活饿死了。

梁武帝在位 48 年，不仅能按照在家佛教信徒

的戒律修行，如吃斋，不饮酒，不听音乐，断房事等，还从事佛学著述。他的佛学著作主要是一些经注和忏文，共计有 16 种之多。

佛教徒吃素，是从梁武帝开始的。佛教传入中国后，出家僧人可以吃荤，只不过吃的是三净肉。三净肉有两种说法：一，不是自己杀的、不是别人为自己杀的、不杀自死的牲畜肉；二，没看见杀、没听到杀、不是别人为自己杀的牲畜肉。梁武帝皈依佛教后，以皇帝命令的形式强令佛教徒吃素，如果偷偷吃荤，是要问罪的。而东南亚各国、日本和西藏的佛教徒仍然是吃荤的。

三、隋朝佛教

北周建德七年（578 年）五月，北周武帝率领大军北伐突厥，不幸在途中病倒，回到长安就死了。这年，他才 36 岁。太子宇文赟即位，史称周宣帝。

周宣帝当皇帝不到一年，就对每天上早朝的皇帝生活厌烦了。于是，他把帝位传给年仅 7 岁的儿子宇文阐，自己做了太上皇，自称"天元皇帝"。这样，他就能在后宫尽情玩乐了。

宇文阐史称静帝，因年纪太小，让外公杨坚辅政。

581 年二月，杨坚强迫静帝让位，自称皇帝，建立了隋朝，史称隋文帝。

589 年，隋文帝杨坚发兵 50 万，南下灭陈，结束了南朝的统治。至此，从西晋末年开始的近三百年的分裂局面结束了。

隋文帝和其子隋炀帝对佛教极为敬重，都把佛教作为维护和巩固封建统治的有效手段。

隋文帝建立隋朝后的第一件大事就是普诏天下，任听出家为僧；又令于五岳下各立寺一所，使佛教在中国北方的广大地区得以进一步恢复。

隋文帝出生于尼姑庵，由一个名叫智仙的尼姑扶养成人，直到 13 岁才回到父母身边。隋文帝小时候在尼姑庵中生活了 13 年，耳濡目染，受佛教的影响极深。

隋文帝在位二十四年，广兴佛事，在度僧、建寺、修塔、写经等诸多方面给予大力支持。开皇十年（590 年），隋文帝下诏：有乐于出家为僧者，可听任其出家；那些原来私度者皆可列入僧籍。隋文帝在 24 年的时间里，共诏令度僧约有 50 万人。

隋文帝在位时，佛教勃兴，出现了许多伪造的佛经。隋文帝作为热心于佛教的封建帝王，不可能对此种现象坐视不管。所以，他即位后，即敕令沙门法经等 12 人主持将以前流传下来的佛经进行甄别刊定，计整理缮写出新经

佛教的传入与传播

132086 卷，修治故经 3853 部，并使人抄写数部，分藏于各大寺院。法经等十二人通过整理刊定佛经，撰出《众经目录》七卷，为中国历史上第一部有组织而又分类较细的佛经目录。

隋炀帝杨广是隋文帝的次子。隋文帝长子杨勇，原已立为太子，杨广采取极其阴险狠毒的手段，在内骗取了他母亲孤独皇后的宠爱，在外取得了权臣杨素之流的支持，从而夺得了太子的地位。杨广任扬州总管时，与一个名叫智颉的和尚交往甚密。他宴请智颉到总管驻地，设千僧斋，招待一千名僧人，拉拢僧人；同时，他又从智颉受菩萨戒，以示对佛教的虔诚皈依；他还专门作《受菩萨戒文》，说：弟子基承积善，生长皇家，庭训早趋，贻教凤渐；希游于大乘，以敬受菩萨戒。这是他对佛教的心迹表白。此后，杨广供养智颉，并尊称其为智者大师，而智颉则称杨广为总持菩萨。

杨广曾作《宝台经藏愿文》，文中说：菩萨戒弟子杨广仰遵如来之意，远布法轮，此乃弟子无穷之业。这充分表明了他对佛教的热忱，把弘扬佛教作为自己的义务了。

杨广继位后，为其父建造西禅寺，金碧辉煌，十分壮丽，又于道场设无遮大会，度仕女 200 人为僧尼；还于全国各地普建佛寺，广造佛像。

杨广一生共度僧尼约 16200 人，造像 114000 余躯，写经 903580 卷，可见隋炀帝已经以菩萨皇帝自居了。

四、唐朝佛教

隋末农民大起义沉重地打击了隋王朝的统治，身为隋朝唐国公、太原留守的李渊轻而易举地取代了隋朝的统治，建立了李唐王朝。李渊做了皇帝，史称唐高祖。

唐朝建立之初，李渊采取了儒、释、道并重的方针。这一方针使儒、释、道三教得以迅速发展，尤其是佛教借此机会发展得更快。大臣傅奕曾七次上书唐高祖，历陈佛教弊端，请废僧尼减寺塔，他说："佛教影响不可忽视，现在一些雅儒世家也开始信佛，饱学儒士竟说起了胡佛浪语；佛教剥削民财，截割国贮，情况非常严重，请陛下好好考虑一番。"于是，唐高祖下诏沙汰僧尼，凡精勤修行守戒律者，集中于大寺居住，并给衣食，其

他勒令还俗，不得违反；另外，京师长安留佛寺三所，天下诸州各留寺观一所，其余寺观统统废止。唐高祖的这道诏令的立足点是任何宗教的发展都不能影响到封建国家的政治统治。

唐高祖沙汰沙门的诏书一下，使佛教徒深感惊吓，惶惶不可终日。但这年六月，高祖退位，太宗李世民即位，为了笼络人心，开始大赦天下，高祖关于沙汰沙门的诏令未能实行。

作为一个有政治头脑的封建帝王，唐太宗李世民继承了唐高祖李渊儒、释、道三教并重的基本方针。但是，唐太宗即位后相当长的一段时期，根本不信佛教。有一天，他问傅奕说："佛教玄妙，圣迹可师，且报应显然，屡有征验，可你一直激烈反对佛教，其原因何在?"傅奕回答说："佛教在历史上于百姓无补，于国家有害；信仰佛教不仅是信仰问题，而且是一个政治问题。"听了傅奕的话，唐太宗颇为赞同。

晚年的唐太宗对佛教的态度发生了变化，原因是受到了玄奘的影响。

玄奘俗家姓陈，河南偃师人，于隋大业末年出家，博览经论。他认为以前

翻译的佛经错误太多，因此想去印度广求原本加以参校。贞观初年，玄奘西行，历时十七年，于贞观十九年（645年）春返回长安，开始了在中国佛教史上具有重要影响的撰述和译经活动。

为了满足唐太宗了解西域的要求，玄奘用了一年多的时间，与其弟子合撰了《大唐西域记》。唐太宗看后大加赞赏地说："法师凤标高行，早出尘寰，泛宝舟而登彼岸，搜妙道而辟法门；朕学浅心拙，在物犹迷，况佛教幽微，岂能仰测。"此后的两三年内，唐太宗对佛教的态度发生了变化，从利用、防范变为推崇，甚至笃信了。

这时，有僧人善导主张只要念阿弥陀佛名号，无须出家，念到一定程序，即可往生西天极乐净土。于是，长安城中念阿弥陀佛之声不绝于耳。唐太宗对此现象不但不予干涉，而且还大赞善导的功德。在这种气氛中，善导创立了中国佛教中的净土宗。

贞观二十二年（648年），唐太宗驾幸玉华宫，召见玄奘。玄奘乘机请唐太宗为他新译的《瑜伽师地论》作序，该序即有名的《大唐三藏圣教序》。在随驾的日子里，玄奘给唐太宗又陈述了《瑜伽师地论》的大意，唐太宗详览后，觉得词义宏远，闻所未闻，向侍臣感叹地说："朕观佛经犹瞻天瞰海，高深莫测；玄奘法师能于异域得此深典，今委寻而观之，宗源杳旷，靡知涯际，其儒教九流之典，如小水池一般。世传三教齐致，乃妄谈之论。"于是，唐太宗命人将该论手抄九本，分送九州，使辗转流通，并要求率土之人，同领未闻之义。玄奘仅用一部《瑜伽师地论》就征服了唐太宗。从此，唐太宗不但对三教并重的基本政策产生了怀疑，而且也把防范佛教的策略忘得一干二净，大有独尊佛教之势。

这年秋天，李世民召见玄奘。玄奘借机进一步宣扬佛教，唐太宗问道："欲树功德，何者为先？"玄奘回答说："众生昏惑，非慧莫启，莫如度僧为最。"在玄奘的建议下，唐太宗下诏度僧，在全国共度僧尼18500余人。

贞观二十三年（649年）四月，唐太宗驾幸翠微宫，又召玄奘陪伴。玄奘入宫后，他与玄奘唯谈玄论道，问因果报应及西域先圣事迹，玄奘引经据典，对答如流，唐太宗深信不疑，多次抓住玄奘的衣襟说："朕共高师相逢恨晚，不能广兴佛事。"

唐太宗戎马半生，接着做了二十多年的皇帝，开始幻想长生不死了。出于这一目的，唐太宗回想起自己早年没有广兴佛事，以致功德薄浅，因而大发感慨。

这年五月，唐太宗因服用了方士为他烧炼的仙药而腹泻不止，死于非命。其子李治继位，史称唐高宗。

唐太宗晚年对佛教的迷恋，直接影响了唐高宗、武则天等对佛教的立场。

武则天美艳绝伦，14岁时入宫，深受唐太宗喜爱。唐太宗死后，武则天与唐太宗的其他妃嫔一起到长安城北的感业寺出家为尼。这年，武则天25岁。11年的宫中生活令她留恋，不安于寺。次年，武则天被唐高宗接回宫中，并被立为皇后。武则天被立为皇后之后，便直接参与朝政。由于唐高宗有头痛病，从显庆五年（660年）开始，朝政基本上都交给了武则天处理。每日唐高宗上朝，武则天都要坐在他后面垂帘听政，决断一切事务，唐高宗形同摆设。当时，朝臣及百姓都把武则天和唐高宗并称"二圣"。在人们的心目中，武则天已与皇帝一样了。

执掌朝政后，武则天便开始大力推崇佛教，利用佛教为她当女皇制造舆论，并推动和指使高宗出面尊崇佛教。

唐高宗去世后，唐中宗李显继位。没有几天，武则天即废唐中宗为庐陵王，让唐睿宗李旦继位。李旦继位后，武则天便以皇太后的名义摄政。这样，李唐王朝终于被武则天亲自把持了。为了取得各阶层人士的支持，为了给自己掌权寻找理论依据，武则天进一步与佛教联系，希望通过佛教达到自己的政治目的。

一些佛教沙门心领神会，开始满足武则天的要求。载初元年（689年），有沙门十人伪撰了一部名叫《大云经》的佛典，公开为武则天当女皇进行鼓吹。《大云经》中有两段文字谈到女人可以做国王。其一是说有一名叫净光的天女，被佛预言授记当国王，因为这位天女乃菩萨化身。其二是说净光天女现在已经化为女身来到中土大唐，天下人一定要奉此女为王。这就为武则天做女皇铺平了道路。于是，武则天御则天楼，大赦天下，改唐为周，自称圣神皇帝，改明年为天授元年。武则天正式做了 16 年皇帝，其间佛教大行其道。公私田宅多为僧人占有，朝廷里僧人随便出入，市井街头恶僧横行霸道，征伐大事全由僧人说了算。

长安四年（704 年）年底，武则天病重，已经无力控制朝政。次年初，武氏提拔起来的权臣张柬之和其他大臣组织宫廷禁军发动政变，拥戴唐中宗李显复位，恢复了唐朝国号。不久，武则天病死于洛阳上阳宫，时年 82 岁。

唐代是中国佛教发展的鼎盛时期，具有中国特色的佛教宗派相继产生，开始向海外及其他地区传播。与此同时，佛舍利的供养与崇拜也成为唐王朝最高统治者和广大僧俗信徒佛教信仰的一个重要方面，并且由封建皇帝带头几度掀起高潮。

佛舍利的供养与崇拜，是佛教在其早期形成的一种传统。据传，释迦牟尼去世火化后，有八个国家的信徒各分得一份佛的舍利，他们将舍利带回国后建塔封存供养；另外，有些信徒又把盛装佛舍利的瓶子，火化释迦牟尼后剩下的灰炭，以及释迦牟尼生前遗留下的头发、指甲等也建塔收藏供养。

唐太宗贞观五年（631 年），岐州刺史张德亮到法门寺礼拜佛法，但仅见该寺于唐初被火焚后的余烬，他笃信佛教，不忍法门寺如此荒弊，于是他便上奏唐太宗李世民，请重修殿堂并加固塔基。他在奏文中称，法门寺古塔相传三十年一开，开示佛舍利以供僧俗信徒礼瞻，今若开宝塔，恐为聚众之讼，故不敢私自开启，请太宗定夺。唐太宗闻奏后，同意重修法门寺，并同意开启宝塔地宫。在张德亮的主持下，法门寺宝塔地宫被打开，此乃唐代首次开启。据有关文献载，地宫深一丈余，内有周、魏时所竖残碑二通，在地宫中获释迦牟尼佛指骨舍利一节，将该舍利取出后，任僧俗信徒瞻仰，成千上万人一时同观，可谓热闹非凡。传说，当时有一失明已久的盲人，用力睁大眼睛去看佛舍利，忽然双目复明。消息传到京城长安后，京邑内外，奔法门寺礼瞻佛骨者，日有数万人。据载，当时一些人所见佛舍利各有不同感觉，有人称见佛舍利如白玉，白光映彻内外；有人却称视如绿色，郁郁葱葱遍映四方；又有人称可从佛舍利中见释迦牟尼形象，也有人称从佛舍利中见有菩萨圣僧；也有一些人则什么也

中国文化大事件

看不见，待问其本末，方知他一生多有罪恶，诸孽已造，故有目而无视。在此次礼瞻佛骨的活动中，有一些信徒将自己的头发点燃，或以手指作灯芯而点燃称为炼指，以表示虔诚的心情。此次开示法门寺真身宝塔佛指舍利，没有迎送，只是在当地礼瞻，随着法门寺殿堂宝塔重修工程的结束，佛指舍利即被重新安置于安塔地宫中。

唐高宗显庆四年（659年），僧人智琮、弘静应召入宫，向唐高宗谈起佛舍利之事。智琮说："舍利塔须三十年一开示，今三十年已满，请再出之，以示天下，共求善因。"唐高宗听后，便敕令智琮和王长信二人前往法门寺奉迎佛舍利。当时，京城内外，僧俗信徒连接二百里迎接舍利。佛指舍利先置于长安，使人礼瞻。次年三月，高宗又敕请舍利往东都洛阳，放置于东都宫中供养。当时，这枚佛指舍利被安置于一石臼中，有一名叫道宣的和尚提出，佛指舍利不应置于狭陋如此之器中。高宗即按中国传统葬俗，为佛指舍利造雕镂奇妙的金棺银椁，即九重宝函，武则天又施舍衣帐等物供养。到龙朔二年（662年）二月，唐高宗才使智琮等人将佛指舍利送还法门寺。在送还过程中，亦是热闹非凡，最后僧俗及官吏无数，举行仪式将舍利藏于宝塔地宫石室之中。此次奉迎佛指舍利，前后历时三年之久，产生了相当大的影响，等于为佛教的推广做了一次规模宏大的宣传。

武周长安四年（704年）冬，武则天派法藏等僧俗1000人去法门寺奉迎佛骨。该年年底，佛骨被迎至长安崇福寺。次年（705年）正月，佛骨又被奉迎至东都洛阳，置于东都明堂，武则天与太子李显顶礼膜拜，并请法藏和尚普为善祷。此次奉迎，佛指舍利被置于东都明堂达三年之久。

唐中宗即位后，于景龙二年（708年）敕使僧律文纲等人将佛舍利送还法门寺。

景龙四年（710年），唐中宗及韦皇后准备再行奉迎佛骨，但由于法门寺宝塔地宫每欲开临，皆呈异相，或风烟欲喷，或雷霆震动。于是，他们便放弃了再行奉迎佛骨的打算。但是，唐中宗为了表示对法门寺的重视，命名法门寺为圣朝无忧王寺，无忧王即阿育王，并为该寺塔题"大圣真身宝塔"六字，同时还为该寺度僧人49名。

唐肃宗上元元年（760年）五月，肃宗敕命僧法澄、中使宋合礼、凤翔府尹崔光远等奉迎法门寺佛指舍利至皇宫内道场。唐肃宗亲临礼拜佛骨，并昼夜苦行求福；他还向无忧王寺僧人赠以佛像、金银器具及金襕袈裟等。当时参加瞻礼的僧俗信徒达数十万人，包括一些宫内的宦官。

唐德宗贞元六年（790年）春，诏令拿出无忧王寺佛指舍利，奉迎于皇宫中，又送于诸寺，僧俗信徒倾城而出，瞻仰礼拜，并施财数万。二月，德宗诏中使等人复葬佛舍利于原处。

唐宪宗元和十三年（818年）12月，功德使上书说：法门寺真身宝塔内有释迦牟尼佛指舍利一节，相传三十年一开示，开则岁丰人安，来年又为应开之期，请皇上下旨奉迎。于是，宪宗便使宦官杜英奇带宫人三十人去法门寺奉迎佛骨。次年正月，杜英奇等人持香花奉迎佛骨至京，先留于皇宫中供养三日，后又送京师长安各佛寺，使僧俗信徒礼瞻。这次奉迎佛骨，轰动了整个长安城，王公士民奔走相告，瞻奉施舍惟恐不及，有人竭己财产充施，有人断臂脔身而供养，以期能得到释迦牟尼的保佑，信仰之情竟达狂热程度。刑部侍郎韩愈见到这种情景，感到无比愤慨和痛心，因而写了《论佛骨表》（或《论佛骨疏》，后人也称《谏迎佛骨表》）呈上。他认为，佛教为夷狄之教，传入中国后，使中国乱亡相继，南北朝以来，迷信佛教者均国祚无常，供佛求福者皆得祸受害，故不可妄信佛教。他还指出佛乃夷狄之人，口不言先王之言，身不着先王之服，不知君臣之义，不知父子之恩。假若他还未死，奉国命来朝京师，我皇帝陛下可容而于宣政殿一见，礼宾一设，赐宴一筵，赐衣一袭，卫而出境，不使他惑我华夏，显我大唐气派。今佛已作古，枯朽之骨，岂能出入皇宫禁中!

今迎佛骨入京，巫祝不先，桃符不用，群臣不言其非，御史不举其罪，臣实耻之!他还进一步提出，乞以此骨付诸有司，使投诸水火，永绝根本，断天下之疑，绝后世之惑。唐宪宗极为信奉佛教，在将佛骨迎入皇宫的第二天，他便向臣下宣布说自己在夜里看见佛指舍利大放光明。满朝文武听后，都伏地向他叩贺，并称这是陛下的洪福，是圣德所感，是最大的喜庆。唯有韩愈一人不表示祝贺。当唐宪宗看到韩愈的《论佛骨表》后，勃然大怒说："你说我奉佛太过，犹可容；但你又谓古代奉佛以后，天子都夭促，国祚均无常，这是在诅咒我。韩愈身为人臣，狂妄如此，决不可赦!"唐宪宗要处死韩愈。后经裴度、崔群等朝官为之求情，唐宪宗才免韩愈一死，将其贬为潮州刺史，以示惩罚。韩愈在赴潮州时途经蓝关，悲愤交集，写下了一篇脍炙人口的名诗，即《左迁至蓝关示侄孙湘》："一封朝奏九重天，夕贬潮州路八千。欲为圣明除弊事，肯将衰朽惜残年。云横秦岭家何在，雪拥蓝关马不前。知汝远来应有意，好收吾骨瘴江边。"

唐宪宗于礼迎佛骨次年驾崩，第三子李恒继位，史称唐穆宗，在位四年。他在位期间，由于宪宗礼迎佛骨高潮刚过，余绪仍在波动，佛教亦受到了一定程度的提倡。长庆元年（821年），穆宗亲制一篇《南山律师赞》，对中国佛教律宗开创者道宣和尚大加颂扬，并表示自己要稽首归依肇律宗主；另外，他还派人前往佛教圣地五台山，以皇帝的名义设斋，款待僧尼近万人。长庆四年（824年），徐州节度使王智兴奏请设坛度僧，但自愿度者，须输钱二千，方给度牒。这一政策公布后，四方辐凑，江淮地区尤甚。唐朝政府通过卖度牒收钱

巨万。浙西观察使李德裕发现这个问题后，当即上书，奏请制止，他说："一民户有丁三男，若一男削发为僧，则影响政府的徭役和赋税收入，如此下来，江淮地区可失丁男60万，不可不细察，应该注意到政府的长远利益。"穆宗闻奏，顿觉敛钱度僧为失大之举，敕令停止，但所度僧人已成气候，悔之已晚。

唐敬宗李湛，为穆宗长子，于公元825年继位，在位两年多。宝历元年（825年），敬宗敕于京师左右两街建设戒坛，左街设于安国寺，右街设于兴福寺，以为度僧行法使用；又以中护军刘规为两街功德使，掌管京师佛事；同年，他还令刘规主持考童子试，男童背诵五百纸佛教经文为及格，女童背诵百纸经文为及格。以佛经为科举考试之内容，可谓离奇之至。宝历二年（826年），唐敬宗又亲临右街兴福寺，听和尚们宣讲佛经，大有相见恨晚之感。

公元827年，唐文宗李昂即位。李昂为穆宗次子，在位共14年。唐文宗对佛教的态度和政策都较为谨慎，在一定程度上有抑制佛教的倾向。太和四年（830年），祠部查天下僧尼非正式出度者甚多，奏请文宗允许私度僧尼申请度

牒，文宗准奏；但申请者有七十余万人，使文宗大为惊异。私度僧尼如此之多，确为封建统治的潜在之患。于是，开成三年（838年），唐文宗下《条流僧尼敕》，欲以封建王权抑制佛教的发展。他指出：黎民百姓惑信苦空说，官僚朝臣敬重方便法门，丁壮削发苟避徭役，此即佛教流行之弊，故要峻科严条。从即

日起，京兆府以功德使，外府州以地方长吏，严加管理佛教，不得使其随便度人为僧。私度之行，宜应禁断。在严禁私度的同时，唐文宗还要求进行试僧，即凡僧尼除年老、年幼、有痼疾残废者和高僧外，均要参加由朝廷组织的考试，规定凡参加考试者必须能读五百纸经文，而且要文字流畅而无舛误，另外还要背诵三百纸经文，能通过上述考试者为及格；皇帝敕下之后，允许参加考试的僧尼先行温习三个月，然后考试；考试不及格者，便勒令还俗为民。文宗举行试僧活动的目的，在于抑制佛教的发展，并通过考试，使释门中大量的附流者还俗，以增强国家徭役和赋税收入。文宗还规定，试僧结束后，按僧尼数置设佛寺，天下佛寺要有定数，不得再创建寺院。他最后强调说："一夫不耕人受其饥，一女不织人受其寒，安有废华夏之人，习外夷无生之法?"唐文宗的抑佛措施，是佛教在唐代不断发展的历史前提下，对佛教的一种人为的行政限制，这为后来的唐武宗灭法铺平了道路。

　　唐武宗李炎，为唐穆宗第五子，公元841年继位，共在位六年，是唐代二十多个皇帝中唯一坚决反对佛教的皇帝。会昌三年（843年），在道士赵归真的提议下，唐武宗命左右神策军三千人在皇宫中修筑一个望仙台，表示自己归心道教，并祈望与神仙相交。一些道士在与武宗的交往中，常借机诋毁佛教，大肆宣扬释教非中国之教，尽宜除去，等等；尤其是道士赵归真，由于他得宠于武宗，与武宗有较多的接触机会，所以他经常给武宗说：佛生西戎，教说不生之法，不生者只是死；佛教化人令归涅槃，而涅槃就是叫人死；佛教盛谈无常苦空，不谈无为长生之理，这些都与陛下的志趣恰恰相反。武宗相信上述一派言语，自然会对佛教更加厌恶，而极力提倡道教。同年，武宗以赵归真为京师左右两街道门教授先生，于京城之内弘扬道法。

　　会昌四年（844年），唐武宗即开始了全面打击佛教的一系列活动。会昌五年（845年）正月，赵归真奏请与释氏辩论，武宗即令僧、道会于麟德殿。代

表佛教的沙门知玄在辩论中大讲道教长生之术乃山林匹夫之事，而佛教则为帝王治世之至理。武宗听后，十分生气，以知玄犯有大忤圣旨之罪，放还本乡，永不许着僧衣。经过此次辩论，尤其是佛教攻击道教的一些语言，严重刺伤了唐武宗，唐武宗因而决定实行灭佛。

唐武宗灭佛，首先是敕令祠部检查天下佛寺及僧尼数字，对寺僧进行调查统计，为灭佛作准备。祠部检查的结果为，全国共有大、中寺院4600所，小的寺庙约四万所，僧尼共有260500人，寺院蓄役奴婢计15万人。由此足见当时佛教势力之大。会昌五年七月，武宗下敕并省天下佛寺。敕令要求两京两街各留佛寺两所，每寺留僧30人；上都长安左街留大慈恩寺和荐福寺，右街留西明寺和庄严寺；各节度使、观察使治所及同、华、商、汝州，各留寺一所，分为三等，上等留僧20人，中等留僧10人，下等留僧5人，其余所有僧尼令还俗。此敕下后不久，武宗又下诏令东都洛阳只须留僧20人，诸寺留僧20人者减半，只留10僧，留10僧者减半留5僧，留5僧者再不许留。所留僧尼，由原来隶属祠部（掌管天地、宗庙大祭）改为隶属鸿胪寺（管外国朝贡客使）。改僧尼隶属鸿胪寺意为再不将佛教僧尼当中国人了，而作为夷狄客使。所有非保留的大小寺院，一律限期拆毁，并派遣御使到全国各地监督执行；所拆寺院的财货田产一律没收入官；所有当废寺院的铜像、铜钟、铜磬等，皆收缴归各地盐铁使，销毁后铸为铜钱；所有废寺的金、银佛像及金、银器皿，皆交给当地官府，销毁后上缴国家财政部门；所有废寺的铁佛像，均由当地官府销毁后铸为农具；全国各地官庶人家所有金、银、铜、铁佛像，限一月之内上缴各地官府，若有违抗者，由各地盐铁使按禁铜法处罚，重者当斩头问罪。上述这些措施，在一定意义上，有利于发展生产和增加国家的财政收入。

全国共废大、中寺院4600余所，废小寺庙近四万所，还俗僧尼充实国家赋税人户者约26万人，没收寺院所占肥沃良田数千万顷，解放寺院奴婢充实国家赋税人户者约15万人，等等。从没收良田和解放寺院奴婢这两项成果上看，当时佛教寺院经济势力已膨胀到何等程度！

有史籍载，唐武宗为了防止官吏、富豪在解放寺院奴婢的过程中匿藏奴婢，规定凡有如此情况者，一律要主动自首，一经揭发，无论官民，皆处以极刑。总之，唐武宗的此次灭佛活动，大大地削弱了佛教的势力，尤其是削弱了其经济势力，使佛教在中国的发展一落千丈。

唐武宗灭佛，与他本人宗教信仰有关，但同时也有着极其深刻的社会历史根源。唐朝建立以来，由于得到封建统治阶级，尤其是封建帝王们的大力提倡和扶持，佛教在中国社会有了极大的发展，佛教的势力和影响也越来越大，其中最突出的就是佛教的寺院经济极度膨胀，同时，由于有寺院经济的存在和发展，佛教自身成为与世俗地主经济相对应的僧侣地主经济集团。这两种封建地主经济在一定情况下必然要发生不可避免的矛盾冲突，表现最激烈的方面就是它们相互争夺劳动力和田产，直接影响到封建国家的经济建设。封建帝王，从其经济角色来看，首先是世俗地主经济的集中代表者。当僧侣地主经济的利益直接威胁到世俗地主经济的利益的时候，封建帝王就必然要出面来维护世俗地主

经济的利益。这便是唐武宗灭法的深刻的经济根源。从灭法的措施和结果来看，整个内容都体现了经济利益斗争这个根本原因。在这个意义上，唐武宗灭法对于封建社会的巩固和发展，具有历史的进步作用。

会昌六年（846年）三月，唐武宗病逝，唐宣宗继位。四月，唐宣宗杖杀道士赵归真、刘玄靖等12人。因为唐宣宗认为是这些人鼓动唐武宗灭佛的。五月，唐宣宗大赦天下，下令于长安两街除旧留两寺外，再各增建佛寺八所，僧尼依前例仍隶属祠部。大中元年（847年），唐宣宗下令恢复废寺。次年，唐宣宗又为一些寺院度僧50人、30人不等。大中五年（851年），下令凡愿建修寺院者，官府不得禁止，并允许佛寺广度僧尼。经过唐宣宗即位后数年的扶植和支持，佛教在一定程度上得以迅速恢复。

唐懿宗咸通十二年（871年），有九龙山禅师益贡章在法门寺结坛于塔下，得佛指舍利。咸通十四年（873年）三月，懿宗遣供奉官李奉建和僧众若干人到法门寺奉迎佛指舍利。当时臣下多有劝阻，有人曾提出唐宪宗迎佛骨不久便晏驾西归之事，但唐懿宗迎奉佛骨态度十分坚决，他对臣下们说："朕生得相见佛指舍利，死亦无恨！"于是，使人广造浮图、宝帐、香舆、幡花、幢盖等，用以奉迎佛骨。从长安到法门寺三百余里路上，车马纷行，昼夜不绝。四月初

中国文化大事件

八佛诞日，迎佛指舍利到长安，以禁军兵仗和公私音乐为前导，惊天动地，绵延数十里，盛况空前，超过了封建皇帝亲自举行的祭天活动；同时，富家多于街道设彩楼及无遮大会，竞相侈靡；唐懿宗本人则登安福楼，顶礼膜拜，流涕沾巾；四方扶老挈幼，来观者皆素食，以求恩福。当时，有一军士于佛指舍利前挥剑砍断左臂，以右手执之，一步一礼，血流洒地；又有僧人，将艾蒿点燃放于头上，谓之炼顶，艾火燃烧，痛不可忍，卧于路上号哭，顶额焦烂，举止狼狈；至于膝步肘行啮指截发者，更是不可胜数。在此种狂热的气氛中，佛指舍利被迎入皇宫。宫中设金花帐、温清床、龙麟席、凤毛褥安置佛舍利；又焚玉髓之香，荐琼膏之乳，以示虔心。佛指舍利在宫中供养了三天之后，被送到安国崇化寺，使僧俗之人瞻礼。宰相以下至于平民百姓竞施金帛，不可胜数。该年七月，唐懿宗病逝，唐僖宗即位。十二月，唐僖宗诏令送佛指舍利还法门寺。临送之时，京城男女老幼争相送别。他们执手交谈道："六十年一度迎真身，不知何时复相见！"纷纷俯首于佛指舍利前呜咽流涕。

这次奉迎佛指舍利，是唐代舍利供养与崇拜的最高潮，也是法门寺所存佛指舍利在中国古代历史上最后一次现身。参与此次奉迎佛指舍利的人员，除皇室贵族、百官朝臣、平民百姓和高僧大德外，还有一些日本留唐学僧和印度的沙门等，经过这些外国僧人后来的介绍，使此次奉迎佛骨之事传遍海外。

以上所述唐代皇帝们一次开示、六次奉迎法门寺佛指舍利，说明唐代以皇帝为首的广大僧俗信徒把法门寺的佛骨当成了释迦牟尼佛的真身。三十年开示奉迎一次，目的是为了祈求天命永保，社稷平安。在这个意义上，也说明当时的佛教信仰中，尤其是对佛的信仰中，已经把佛与中国传统宗法性宗教中的昊天上帝一样看待，以为它们具有相同或相似的神威；另外，每次奉迎佛骨的仪式与传统祭天仪式相似。可见，此时的佛教信仰不但完全中国化了，而且已构成了中国传统宗教文化不可缺少的一个方面。

佛教的传入与传播

125

五、五代两宋佛教

唐朝末年，宣武节度使朱温在消灭了众多割据势力后，于 907 年逼唐哀帝禅位，建立了后梁。从这一年开始到 959 年，中原地区相继出现了后梁、后唐、后晋、后汉、后周五个朝代，史称五代。大约与此同时，在南方及北方的部分地区，先后存在过十个地方性割据政权，史称十国。

五代时期，百姓陷入战乱之中。北方地区的佛教日渐衰微，越来越不景气；而长江以南的广大地区，佛教发展相对活跃一些。五代的统治者大都对佛教采取限制政策，而江南的南唐、后蜀、吴越、闽等国却十分重视佛教。

唐末以来，佛教在中国发展得很快。后周时，寺院遍及各地，有僧尼近百万。许多富户为了逃避赋役，托名僧尼，甚至将庄园托名寺产。军队中的逃兵、无业游民、逃亡奴婢、罪犯等也多遁迹寺院以求庇护。这使国家失去了大量的收入和劳动力。为此，后周世宗下令道："除少数法定寺院外，其余一律废除。"经过整顿，废去寺院三万余所，汰减了大批僧尼。后周世宗下令将民间的铜佛销熔铸钱，国家因此获得了大量钱币，充实了国库。在拆毁铜佛像时，许多人不敢动手，怕来世遭报应。面对慈眉善目的大铜佛，人们好像看到了释迦牟尼。后周世宗为了消除人们的顾虑，解释说："佛是佛，铜像是铜像。况且佛为了利民，连自己身上的肉和眼睛都要拿出来施舍。我们把铜佛砸了铸钱，于民有利，于国有益，佛肯定会赞许的。"在后周世宗的鼓励下，灭佛得以顺利进行。

后周世宗坚决反佛，但佛教在吴越、南唐、后蜀、闽等南方割据国仍很流行。

赵匡胤称帝后，在政治上实行了加强中央集权的一系列措施，军事上开始统一全国的征战，在思想文化方面则兼容并蓄，以儒家思想为统治思想的主体，又允许其他各种宗教存在和发展，使它们共同为皇权服务，从而为佛教的发展提供了前提。

宋太祖统一后，对佛教采取保护政策，以争取南方的支持。进士李蔼曾作

中国文化大事件

《灭邪集》反佛，宋太祖说他"非毁佛教，诳惑百姓"，把他流配到沙门岛去了。

建隆元年（960年）六月，宋太祖下诏，让各地保护寺院，度童行（不剃发学习佛法的学童）8000人，作为佛教继续发展的人才储备。乾德四年（966年），宋太祖又在全国各地选拔了157名僧人西去印度求法。这是中国历史上第一次由皇帝亲自组织的大规模的求法活动，其目的是为佛教发展寻求理论。乾德五年（967年），宋太祖下诏，不准再行毁坏铜铸佛像。

宋太祖认识到佛教对封建统治有一定的好处，因此决定保护佛教，用以加强国内的思想统治。

开宝四年（971年），宋太祖令张从信到成都刻印佛教大藏经。

自汉朝到隋唐，佛经在中国的流传主要靠写本流传。佛教经典卷帙浩繁，需日积月累始能抄写完毕。因抄写佛经极为不容易，所以写经被佛教颂为三宝功德之一。

雕板印刷术的发明为佛经的广泛流传开辟了新的途径，宋太祖决定刻印佛经。按佛教的说法，全部佛教经典汇集在一起称为大藏经。大藏经分为三部分，即经藏、律藏和论藏。所谓经藏，专指释迦牟尼所述佛法，其中只有唯一的一个例外，即禅宗六祖慧能的《坛经》也属经藏；所谓律藏即佛教全部戒律；所谓论藏即一切关于佛教的论著，既有印度僧人的论著，也有中国或其他国家和地区僧人的论著。

宋太祖刻印的大藏经始于开宝四年（971年），历十三载完成，共刻印版13万块，计653帙，约合6620余卷，成为中外一切官私刻藏的范本。

宋太祖死后，其弟赵光义继位，史称宋太宗。

宋太宗重视佛教，即位不久即临幸佛寺，公开认可佛教，给予支持。

宋太宗极重视佛经的翻译，创建了译经院，制订了佛经的翻译计划，聚集译经专家，训练译经人才，为佛教的传播贡献极大，对国家的安定起到了不可低估的作用。

北宋汴京的主要寺院都是宋太宗下令建造或整修的，如启圣禅院、妙觉禅院、太平兴国寺、开宝寺、天清寺、景德寺、普安院等。

宋太宗死后，其子赵恒继位，史称宋真宗。

宋真宗也实行保护佛教的政策，还曾著《释氏论》一文，认为佛教戒律与儒家学说迹异道同，它们的基本旨意都是劝善禁恶，因此佛教有提倡的必要。他还具体将儒家伦理纲常和佛教的五戒统一起来，他说不杀则仁矣，不窃则廉矣，不惑则正矣，不妄则信矣，不醉则庄矣，天下皆能遵此，则君子多而小人少矣。

宋真宗对佛教的提倡，完全是从封建统治的切身利益考虑的。一天，宋真宗驾幸洛阳龙门，看到石窟中大量佛像被毁，不堪入目，有人乘机请宋真宗出面修复。宋真宗拒绝道："军国用度应费于军国大事，不能奉费于外教!"不久，他下诏禁止毁金宝以铸佛像，禁止平民离弃父母而出家。

宋太祖保护佛教的政策，宋代后来的帝王都奉为祖宗之法。在具体执行的过程中，有些帝王更注重限制的一面。宋真宗之子宋仁宗嘉祐年间（1056 年—1063 年），祠部判官张洞上书请皇帝沙汰僧尼。张洞称当时在籍僧尼约有三十余万人，建议裁减其中三分之一。宋仁宗采纳了张洞的建议，下诏裁减十万僧尼。这一行动表明，宋仁宗限制佛教的决心和行动是非常坚决的。

北宋末年，宋徽宗崇信道教。宋室南渡后，理学兴起。佛教在这一时期受到了一定程度的冷落，但仍能存而不废，甚至有所发展。

中国文化大事件

六、元朝佛教

　　12世纪初，蒙古族崛起于北方。成吉思汗统一蒙古各部后，其子孙先后灭西夏，灭金国，并发动了侵略南宋的战争。1271年，忽必烈改国号为元，于1279年攻灭南宋，统一了中国。

　　蒙古人原来信奉的宗教是从原始时代流传下来的萨满教，而在元朝诸帝的宗教信仰中，对喇嘛教的崇信占有十分突出的地位。

　　喇嘛教是藏传佛教的俗称，是中国佛教的一支，形成于藏族地区。喇嘛为藏语音译，意为上师，是对出家人的尊称。

　　藏族最早信奉古老的原始传统宗教，即本教。公元7世纪，藏族在其首领松赞干布的带领下建立了以拉萨为中心的统一王朝——吐蕃。松赞干布先后娶了尼泊尔墀尊公主与唐朝的文成公主，两位公主分别把佛经和佛像从尼泊尔和中原带入吐蕃。松赞干布为两位公主分别建造了惹摩迦寺和大昭寺，供奉佛经和佛像。

　　佛教传入西藏后，受到了信奉本教的权臣和贵族的强烈抵制和反对。因此，佛教在西藏发展较为缓慢。公元9世纪中叶，达玛即位，大肆灭佛，使佛教在西藏的发展受到阻挠。

　　10世纪末，佛教又分别从印度、尼泊尔和中原地区传入西藏，在不同封建领主的支持和提倡下，西藏佛教形成了几个不同的教派：宁玛派（红教）、萨迦派（花教）、噶举派（白教）和格鲁派（黄教）。其中，黄教格鲁派后来成为藏传佛教的最大教派，其灵童转世制度一直延续至今。

　　1223年，成吉思汗西征东还时，取道西藏。西藏酋长设宴欢迎，献上无数礼物，并献地降蒙。成吉思汗大喜，备礼致书于萨迦派大喇嘛呼和布宁说早就想聘请上师，然因军务繁忙，未能如愿。等国家大事稍定之时，望大师率弟子一同驾临蒙古，传布佛教。

成吉思汗生前未能将喇嘛教弘传蒙古，便于 1227 年病逝于六盘山，蒙藏又失掉了联系。

1229 年，成吉思汗三子窝阔台继位后，以现今甘肃、青海的部分藏区划为第三个儿子阔端的领地。阔端决定用宗教征服整个西藏，选中藏传佛教的萨迦派作为联络的对象，遂派使者前往西藏，延请萨迦班智达到他的驻地凉州。萨加派为了扩大自己的宗教势力，也为了使西藏众生免于战火，便接受了阔端之邀。

1244 年，萨迦派萨班·贡噶坚赞携侄儿八思巴兄弟北上，于 1246 年到达凉州，为阔端灌顶授戒。当时，适逢阔端身体有病，受戒后病体竟痊愈了。因此，萨班及八思巴等人深受阔端礼遇。从此，喇嘛教便在蒙古族中广泛流行开了。

阔端信奉藏传佛教后，极力向萨班宣扬西藏归顺蒙古的必然趋势。萨班接受了阔端的要求，给西藏地方首领及宗教领袖写信说蒙古统一势在必然，中原已悉入其版图，顺之者能与其同乐，否则必将灭亡。若逃遁无门，则应俯首归顺。

在萨班的努力下，阔端用喇嘛教征服了西藏，未动一兵一卒，西藏正式列入蒙古版图。这是符合藏蒙民族利益的。

1251 年，蒙哥继位后，命四弟忽必烈南征在云南建立的少数民族政权大理。忽必烈凯旋时，派使者到凉州迎请萨班。此时萨班已经圆寂，使者便延请八思巴与忽必烈相见。

八思巴的学识使忽必烈深感敬佩，于是忽必烈夫妇从八思巴受"金刚灌顶"，"金刚灌顶"是藏传佛教受戒的名称。

忽必烈赐八思巴羊脂玉印及黄金、珍珠袈裟、伞盖、金鞍等，并命八思巴领卫藏万户。忽必烈皈依了喇嘛教，既与萨班叔侄致力于弘传喇嘛教有关，又与西藏隶属蒙古这一政治利益有关。从此，八思巴长期与忽必烈生活在一起。

1254 年，依八思巴建议，忽必烈下令来往使者不得在僧舍住宿，不得向僧人摊派差役和索取供应。

忽必烈打算在藏区只准习研萨迦派教法，八思巴从藏传佛教宗派林立各派实力不相上下的实际情况出发，劝阻了忽必烈这一决定，并由忽必烈与八思巴共同下令，准许各派僧人修习自己教派的教法。同年，忽必烈为八思巴写了《优礼僧人诏书》，大赞八思巴及其宗教，而且还要求臣民礼待天下僧人，不许轻慢之。

1258 年，忽必烈奉蒙哥之命，召集佛、道二教代表进行辩论。在辩论中，八思巴口若悬河，才思敏捷，使道教代表穷于应付。于是，忽必烈更加信赖喇嘛教，参加辩论的 17 名道士被勒令削发为僧，一些道教宫观也被改为佛寺，许多道教经典被焚毁。从此，佛教排在道教之前，成为元朝的制度。

1260 年，忽必烈继位后，立即封八思巴为国师，赐玉印，命其统领天下佛教。八思巴与各族佛教界人士广泛接触，拜他为师的人很多，由他亲自剃度的汉地、印度、西夏、蒙古、高丽、大理、维吾尔等地的僧人多达 4425 人，其中一些人在以后各族佛教的发展中曾发挥了巨大的作用。

忽必烈要将喇嘛教推行到他统辖的整个地区，任命八思巴的弟子杨琏真为江南佛教总摄，掌管江南佛教。杨琏真上任后，一年之中就剃度喇嘛僧人 940名，由此江南喇嘛教大盛。

八思巴返藏后，被逐渐形成的西藏教俗势力所排斥，双方斗争日趋尖锐。为此，忽必烈于 1279 年派总制院（元朝中央掌管宗教的机构）院使桑哥率领蒙古兵 7 万入藏，攻打与八思巴作对的原萨迦地方长官贡噶桑布。八思巴派人至军前慰劳蒙古军，并转达了八思巴迂回包抄的建议。7 万蒙古兵按八思巴的建议，一举击败贡噶桑布，将支持贡噶桑布的八思巴的弟子喇嘛衮曼、衮噶则兄弟流放江南。

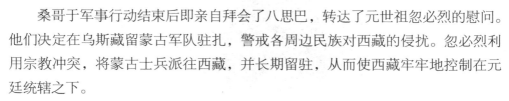

桑哥于军事行动结束后即亲自拜会了八思巴，转达了元世祖忽必烈的慰问。他们决定在乌斯藏留蒙古军队驻扎，警戒各周边民族对西藏的侵扰。忽必烈利用宗教冲突，将蒙古士兵派往西藏，并长期留驻，从而使西藏牢牢地控制在元廷统辖之下。

元世祖至元十七年（1280 年）11 月，八思巴于西藏圆寂，终年 46 岁。12 月，元世祖忽必烈下令将八思巴新译戒本五百部印造成书，颁发给诸路僧人。两年后，忽必烈又在大都（今北京）为八思巴建造舍利塔，并赐八思巴"皇天之下一人之上开教宣文辅治大圣至德普觉真智佑国如意大宝法王西天佛子大元帝师"的称号。

元世祖至元二十八年（1291年），即他病逝的前三年，全国共有寺院42000余所，僧尼约21万人。当然，其中一大部分为喇嘛教僧尼。

忽必烈死后，元代诸帝大都奉八思巴一派僧人为帝师。诸帝即位前，均要先从帝师受戒，然后才登帝位。凡为帝师一系僧人修建佛寺和建造佛塔的费用全由朝廷支出，元代诸帝还常常赏给喇嘛教寺庙大量田地。

综上所述，在整个元代，喇嘛教的喇嘛在西藏和内地都拥有特殊的政治特权和经济特权。

由于蒙古族崇奉喇嘛教，汉地佛教在元朝未能达到完善的发展，只有禅宗的临济、曹洞二宗得到了一定程度的发展。

七、明朝佛教

元朝末年，朱元璋参加农民起义后，逐渐扩展势力，扫平群雄，最后推翻了元朝统治，建立了明朝。

朱元璋一生都与佛教有着割不断的联系。

朱元璋出身于贫苦农家，从17岁到25岁当了八年和尚。由于有出家为僧的经历，朱元璋对佛教十分了解。鉴于元代崇奉喇嘛教的流弊，朱元璋大力扶持汉地传统佛教。

洪武元年（1368年），明朝建立伊始，朱元璋在蒋山召集僧人，为各大寺院选派住持；举办法会，请僧人为新建立的大明王朝祈福，为殁于战乱的将士军民招魂。

在洪武初期的几年中，朱元璋每年都要在南京一些大寺院里召集名僧举办法会，他本人每次都亲率文武百官参加，以示隆重。这实际是用佛教安定民心，促进新建王朝的进一步巩固，是有政治目的的。

同时，朱元璋在南京天界寺设立善世院，命慧昙管理佛教，又设统领、副统领、赞教、纪化等职，掌管全国各大寺住持的任免。这是以皇帝名义组织的管理全国佛教的机构，从而将佛教的发展牢牢地控制在明廷手中。

洪武六年（1373年），朱元璋下诏给全国各地的所有僧尼免费发放度牒。唐宋以来，朝廷都将度牒当商品出售，以增加国家的经济收入，在客观上也限制了随便出家的人。朱元璋此举为出家人提供了方便，从而振兴了汉地传统佛教，使其为封建政治服务。此后，朱元璋又下诏规定每年集中发放一次度牒，只要考试合格，都可以领到度牒。

为了使汉地传统佛教各宗都能得到进一步恢复和发展，朱元璋还发了一道圣旨：全国各地僧人只要愿归三宝、受五戒、习研佛经，可随便结坛登座，讲经说教，化度一方。这样，便给僧人提供了游方传教、进行法事活动的方便。

佛教的传入与传播

为了使汉地佛教能够迅速地恢复和进一步发展，了解佛教的明太祖不仅从组织上和活动上扶持佛教，而且还深入其中进行必要的引导。

洪武十年（1377年），朱元璋命令国内僧人学习《心经》《金刚经》《楞伽经》，又命令高僧专门为上述三经作了注释，朱元璋本人还为三经作了序，颁行天下，使僧人加深对佛教教义的理解。后来，他又下诏规定佛教沙门如何进行诵经等法事活动。

洪武二十一年（1388年）4月，朱元璋下诏说南京灵谷寺、无界寺、能仁寺、鸡鸣寺乃京师四大名刹，其住持务必选用有德行者，而且还要精通佛教，不可滥举。

洪武二十四年（1391年）6月6日，朱元璋颁布《申明佛教榜册》说：今天下之僧，多与俗人混淆，有的表现还不如俗人，这是败教的行为，必须清理。令下之后，敢有不入丛林，仍然私蓄妻子潜在民间者，必砍头示众；窝藏者流放三千里外。同时，还规定各地散居僧人有募化受施的自由，各级寺僧衙门不得横加干涉，保证宗教活动的自由。

《榜册》中还具体规定各府州县只许保留大寺一所，府寺僧不得超过40人，州寺僧不得超过30人，县寺僧不得超过20人，并规定男子非年过40岁以上者，女子非年过50岁以上者，均不许出家。

《榜册》的颁布，看起来是整顿或限制佛教，但在实质上却是通过去污除垢而纯洁佛教，目的在于使佛教正常发展，从而为封建统治服务。

在朱元璋的护持下，汉地佛教得以迅速恢复，禅宗的曹洞、临济二宗逐渐盛行，并且都能正常发展。一些佛教僧侣热心为朝廷服务，加强了朱元璋对佛教和僧侣的信任感。

洪武三年（1370年），朱元璋派慧昙出使西域。慧昙率使团一行二十余人访问各国，于次年抵达僧伽罗国（今斯里兰卡）。洪武十年（1377年），宗泐奉命率领僧人三十人再度出使西域，往返6年，至洪武十五年（1382年）归国。宗泐从印度取回了大量的佛经，从而促进了中外文化的交流。

朱元璋在恢复汉地传统佛教的同时，仍给喇嘛教以应有的地位。他在西宁

中国文化大事件

设僧纲司，任喇嘛三剌为都纲，使其掌管当地喇嘛教；又于甘肃河州设置蕃汉二僧司，让藏僧担任僧官，掌管当地喇嘛教。上述作法维护了中国各民族的团结与统一。

朱元璋去世后，明代诸帝对佛教大都采取了扶持和利用的态度。

明成祖朱棣即位后，听说喇嘛教黄教首领宗喀巴弘传佛法，名播西藏，即派大臣前去延请。宗喀巴使上首弟子释迦智随使赴京，明成祖赐以大慈法王称号。

明武宗朱厚照不仅扶持和利用佛教，还自封为法王，以佛教的大护法王自居。有一次，他一天之内竟度僧道四万人。他还经常披法衣登座宣讲佛法，尤其喜欢喇嘛教。

明神宗时，蒙古俺答可汗攻入青海，听说第三世达赖索南嘉措至西宁附近弘传佛法，即率众万人欢迎，并给索南嘉措上了"达赖喇嘛白咱达然"的尊号，这是达赖喇嘛名称的开始。达赖意为大海，喇嘛是上师，白咱达然是金刚持。

索南嘉措曾致书明朝宰相张居正，并献观音像等。

万历十六年（1588 年），明神宗命人迎请三世达赖进京。因其逝世于内蒙，未能成行。

总之，整个明代喇嘛教只在藏蒙民族及其他一些少数民族地区流行，但它作为中国佛教不可缺少的一部分，在明代更向纵深发展，并且开始在藏族地区形成政教合一的制度，直接影响了清朝的宗教信仰。

佛教的传入与传播

135

八、清朝佛教

1644 年，清军攻占北京，清朝贵族入主中原，建立了多民族统一的大清帝国。直至 1911 年被孙中山领导的辛亥革命推翻，清朝前后延续了 267 年。

满族原来信仰萨满教，崇拜天神地祇，与汉民族对天帝和土地的传统信仰

极其相似。金代佛教相当盛行，后金受金代的影响，对佛教也不陌生，早在入关以前即与西藏喇嘛教发生联系。

17 世纪初，喇嘛教即藏传佛教传到了山海关外女真族生活的地区。

清太宗皇太极认为喇嘛教有利于他的统治，遂开始与西藏达赖喇嘛五世罗桑嘉措建立联系，互致问候。

清朝入主中原不久，顺治皇帝遣使到西藏问候达赖、班禅，达赖和班禅也派人到北京朝贺。

顺治九年（1652 年），达赖五世率班禅代表应请入京，清廷封达赖为"西天大善自在佛所领天下释教普通瓦赤喇怛喇达赖喇嘛"，让他做藏蒙喇嘛教的领袖。达赖五世回藏后，用从内地带回去的金银在前后藏新建黄教寺庙 13 所。

康熙皇帝不信佛教，常说和尚不耕而食，不织而衣，是寄生虫。但他继位后，为了用佛教维护统治，继续遣使进藏看望达赖、班禅，并带去贵重礼品。

1682 年，五世达赖死后，西藏上层为争夺六世达赖职位而争斗不已。为此，康熙皇帝于康熙五十二年（1713 年）遣使封五世班禅罗桑耶歇为"班禅额尔德尼"，为黄教树立另一领袖，以便分权治藏。康熙五十九年（1720 年），康熙派兵两路进藏，册封格桑嘉措为达赖六世。从此，清廷在西藏驻军不走，将西藏牢牢地掌握在清廷手中。

雍正皇帝重视喇嘛教，自号圆明居士，表示虽不出家，却在家修行。

在雍正、乾隆年间，喇嘛教在内地相当流行，佛教经典的翻译也开始了。

为了巩固统治，清帝根据满、蒙、藏各民族相似的文化、宗教、历史背景，力图用喇嘛教联络他们的感情，并通过喇嘛上层控制边疆地区。

在清室扶植下，喇嘛教在全国有相当大的发展。仅据藏地统计，乾隆二年（1737 年）达赖有寺庙 3150 多所，喇嘛 302560 人，农奴 121438 户；班禅有寺庙 327 所，喇嘛 3670 人，农奴 6752 户。总计黄教寺庙 3477 所，喇嘛 316230 人，所属农奴 128190 户。

清廷统一全国后，对内地佛教采取利用但从严控制的政策；而对喇嘛教则主要将其作为羁縻蒙藏上层人物、巩固中央统治的手段。

清代沿用明代旧制，设置了僧官。朝廷僧录司有"正、副掌印"各 1 人，下设左右善世 2 人，阐教 2 人，讲经 2 人，觉义 2 人；各府、州、县设僧纲、僧正、僧会各 1 人。全国佛教严密地控制在僧官手中，而僧官也没有什么权力，只是朝廷的工具。《大清律例》规定，不许私建或增置寺院，不许私度僧尼，严格执行出家条件，严厉制裁为非作歹的僧尼等。

清朝也有对佛教偏爱的君主，如顺治皇帝曾召著名禅师入内廷说法，并分别赐号。在宠妃董氏死后，顺治皇帝曾想弃位出家，因皇太后极力阻挠而作罢。康熙皇帝六下江南，凡至名山大寺，往往向僧寺书赐匾额。他还将明末隐遁山林的高僧引入京师，以便控制和吸引士人。雍正皇帝对禅颇有研究，曾辑《御选语录》19 卷，并撰写序文 20 余篇，提倡用"周孔"思想指导禅学。

乾隆年间，完成了由雍正开始的汉文大藏经的雕刻，称为"龙藏"。

乾隆三十八年（1773 年），乾隆皇帝组织人力将汉文大藏经译成满文，经 18 年完成，与由藏文译成的蒙文大藏经同时雕版印刷。乾隆皇帝说翻译满文藏经的目的不在于要人们懂得佛理，而是要人们"皆知尊君亲上，去恶从善"。这是清代诸帝的共同想法。

据《大清会典》统计，清初各省官建大寺 6073 处，小寺 6409 处；私建大寺 8458 处，小寺 58682 处。有僧 11 万，尼 8615 人。总计寺院 79622

佛教的传入与传播

处，僧尼118907人。据近人太虚估算，清末各省约有80万僧人。随着国力衰弱，寺院荒废，加上战火破坏，佛教在晚清已经面临全面的危机。

清代内地佛教主要是禅宗和净土宗。清初禅宗有临济宗和曹洞宗的对峙。清初以后，禅宗的地位渐为净土宗取代。净土宗主张只要虔心念佛，即可往生西方极乐世界，西方极乐世界即指净土。

雍正帝以禅门宗匠自居，对当时禅宗的败落进行严厉抨击，并以云栖袾宏为范例，鼓吹三教合一和禅净合一，即禅宗和净土宗合一，提倡念佛而归净土。

乾隆大力扶植士大夫学佛运动，使念佛以归净土的说教在社会深入推广，成为世俗学佛的基本内容。

在家信徒中，周梦颜、彭绍升、张师诚、杨文会等都以净土为学佛的最终归宿。周梦颜著有《西归直指》《欲海回狂》等，提倡只要诚心念佛，便能荣登净土，求得人生解脱。杨文会是清末最重要的佛教在家信徒，精通各宗，也以净土为学佛的归宿。

晚清佛教日趋式微，但在读书人中，研究佛学反而蔚成风气。

明末政治腐败，士人纷纷背离道学，研究佛教。明朝灭亡后，抗清复明的士人有相当一批人皈依了佛教，如戒显、澹归、药地、担当、大错、明宗室八大山人、石涛等均出家为僧，而未出家者也借佛教教义阐述自己的理论，如方以智、黄宗羲等。

从道光皇帝开始，国势日见衰颓。列强入侵唤起了民族的觉醒。一批先进的文人把佛教教义作为挽救民族的精神武器，如龚自珍从佛教因果报应学说引申说人心者，世俗之本，心力所至，足以报大仇，医大病，解大难，谋大事，据此而言，天地人所造，众人自造，非圣人所造。他主张不依靠"圣人"，而要"众人"起来创造天地，这显然潜藏着革命因素。

魏源、康有为、谭嗣同、梁启超继续宣传佛教悲天悯人的忧国忧民思想，发挥佛教的主观战斗精神，鼓动不怕牺牲，团结奋进，救国救民。这样，居士佛教成了中国近代民主革命思想中不可分割的一部分。

与此同时，居士在佛典的搜集整理和义理的探究上也取得了很大的成绩。这类居士在清初有宋文森、毕奇、周梦颜、彭绍升等。彭绍升大量阅读大小乘经论，信仰净土学说，撰有《居士传》《二林居集》《行居集》等。晚清刻印佛经成风，郑学川在苏州、常熟、杭州、如皋、扬州等地设置刻经处，刻了好多佛经；杨文会创办了金陵刻经处，影响更大，硕果累累。

杨文会于 1910 年开办佛学研究会，每周讲经一次，听者人山人海；章太炎等创办"觉社"，成为中国"佛教复兴运动"和推动佛教西渐的主力。这些文人对中国佛学的贡献功不可没。

佛教的传入与传播